Gedagtes en ervarings van die lewe en geestesgesondheid

ONAFHANKLIK GEPUBLISEER EN GEREDIGEER DEUR VERNON JB POHL

VERNON JB POHL
Author
Amazon / Vernon JB Pohl
www.mentaleudaimonia.com

Vrywaring

Geen inligting in hierdie boek bevat enige professionele advies nie. Alle inligting wat in hierdie boek vasgelê is, is die skrywer se gedagtes en ervarings van die lewe en Geestesgesondheid en nie dié van 'n professionele adviseur nie.

Vernon JB Pohl

Toewyding

Ek wil graag my ma bedank vir haar volgehoue ondersteuning met al my tekortkominge in die lewe. Ek het 'n magdom foute in my lewe gemaak, tog, my ma het konsekwent by my gestaan ter ondersteuning van my werk, ek moet haar veral bedank.

Die geestesgesondheidsgedeelte van hierdie boek is opgedra aan alle individue wat daagliks met hul geestesgesondheid sukkel. Mag jou harte vrede vind en jou gedagtes Rustigheid.

Deel 1
Geestesgesondheid

Inleiding

My persoonlike ervarings met geestesgesondheidsprobleme het op 'n besonder jong ouderdom begin. Ek het van kleins af besef dat angs my verstand en fisiese liggaam vir ewig sal spook. Soos die jare geleidelik aangegaan het en die lewe se struikelblokke platgeslaan het, het my gedagtes uiteindelik begin erodeer.

Na my egskeiding en verskeie verskillende ervarings in my lewe, is ek gediagnoseer met veelvuldige geestesversteurings en op die ou end het poging tot selfmoord, Selfverminking 'n werklikheid geword, en die lewe het 'n las geword wat ek wou ontsnap.

Gedagtes en ervarings van die lewe en geestesgesondheid was die volgende uitdaging wat ek sou deursien, maak nie saak wat in my rigting kom nie, ek wou mense wys dat dit moontlik is om vorentoe te beweeg. Ek gaan mense 'n rede gee om te baklei, 'n rede om die lewe te koester.

Ek het genoeg gehad van die lyding en die pyn.

Ek wil inspireer.

Ek is 'n oorlewende; Ek het die ergste van die ergste oorkom. Ek het deur hel en terug gegaan, en ek staan steeds sterk.

Dit is my bewustheid van geestesgesondheidsprobleme en hoe dit ons lewens beïnvloed.

Die belangrikheid van geestesgesondheid word dikwels oor die hoof gesien deur baie mense wat nie direk geraak word nie. Geestesgesondheidskwessies is egter vandag een van die belangrikste oorsake van gestremdheid in die wêreld.

Dit beteken dat hulle meer mense affekteer as wat die meeste ander siektes of toestande doen. Geestesongesteldheid is ook 'n groot faktor in terme van verlore produktiwiteit by die werk, en selfs selfmoordsyfers kan teruggevoer word na onvoldoende geestesgesondheidsorg of behandeling vir diegene met sulke probleme ("Geestesgesondheid").

As jy 'n persoon is wat bewus gemaak is van geestesongesteldheid, dan weet jy waarskynlik dat dit nogal 'n ernstige kwessie kan wees om op jou eie te hanteer en te hanteer sonder enige hulp van ander.

Jy weet egter dalk nie presies watter soort besonderhede daar oor hierdie aangeleentheid is nie, so kom ons gaan oor 'n paar feite oor wat geestesongesteldheid eintlik is, sowel as hoe dit mense fisies en geestelik affekteer ("Geestesongesteldheidsfeite").

"Maak nie saak hoe moeilik die lewe word nie, opgee is nie 'n opsie nie, ons verstand is sterker as wat ons sou glo."

Daar gaan drie afdelings in hierdie publikasie wees, eerstens, ons sien wêreldwye geestesgesondheid noodkontakbesonderhede, tweedens sal ons my interpretasie en gedagtes oor geestesgesondheid bespreek, ook nuttige maniere wat kan help met geestesgesondheidsprobleme soos ervaar deur my eie stryd, derdens sal ons deur die geskiedenis van geestesgesondheid gaan.

Ek hoop dat hierdie deel hoop terugbring in jou lewe en dat jy sal sien dat die lewe mooi is verby die duisternis wat 'n mens se gedagtes kan spook.

"Laat vrees nie die uitkoms van die toekoms dikteer nie."

Vernon JB Pohl

Geestesgesondheid nood Kontakbesonderhede (internasionaal)

Australië

•	Lifeline	•	13 11 14
•	Kids helpline	•	1800 55 1800
•	Samaritans	•	13 52 47
•	Emergency Services	•	000

•	Crisis service Canada	•	1-833-456-4566 Toll-free
•	Mental health mobile crisis line	•	902-429-8167
•	Canadian Association for suicide prevention	•	819-339-3356
•	Kids helpline	•	1-800-668-6868
•	Emergency Services	•	911

Kanada

www.mentalhealthcanada.com

Verenigde State van Amerika

•	Mental health America	•	1-800-TALK-(8255)
•	Emergency Services	•	911

www.nami.org

UK

•	Samaritans	•	116 123
•	Helpline UK	•	0800 068 4141
•	Emergency services	•	999

www.mentalhealth.org.uk

Nieu-Seeland

•	Lifeline Auckland	•	09 5222 999
•	Lifeline NZ	•	0800 543 354
•	Emergency Services	•	111

www.mentalhealth.org.nz

Europa

•	Emergency Services	•	112

Frankryk

•	Suicide hotline	•	0033 145 39 4000
•	SOS help	•	01 46 21 46 46

Duitsland

•	Telefonseelsorge Deutschland	•	National line

•	German-speaking	•	0800-111 0 222
•	English-speaking	•	030-44 01 06 07

Italië

•	Samaritans	•	800 86 00 22

www.eufami.org

Suid-Afrika

•	Lifeline SA	•	0861 322 322
•	Emergency Services	•	10177

www.safmh.org

Japan

•	Befrienders	•	+81 (0) 3 5286 9090
•	BI suicide prevention	•	+81 (0) 6 4395 4343
•	Tokyo English Lifeline	•	107-0062

www.utsu.ne.jp

Internasionaal

•	www.befrienders.org

Wêreldstatistieke van geestesgesondheidsversteurings

Die inligting wat in hierdie afdeling verskaf word, is slegs geraamde syfers uit globale statistieke. (Inligting uit verskeie bronne onttrek).

- 10,7% van die bevolking leef met een of ander vorm van geestesversteuring.
- 3,4% van die bevolking leef met depressie.
- 3,8% van die bevolking leef met angsversteurings.
- 0,6% van die bevolking leef met bipolêre versteurings.
- 0,2% van die bevolking leef met 'n eetversteuring.
- 0,3% van die bevolking leef met skisofrenie.
- 13% ly aan enige geestes- of dwelmgebruiksversteuring
- 1,4% ly aan alkoholgebruiksversteuring.
- 0,9% ly aan dwelmgebruiksversteuring.
- 14,3% van sterftes wêreldwyd word aan geestesversteurings toegeskryf.
- 90% van selfmoordgevalle is te wyte aan een of ander vorm van geestesversteuring.
- 11,9% van vroue en 9,3% van mans word deur geestesgesondheidsiektes geraak.

Sielkundige feite

Die verstand het my gefassineer so lank as wat ek kan onthou, dit sou ek spekuleer as gevolg van my intieme stryd met geestesgesondheidskomplikasies.

Psige/verstand/brein, sou almal terme wees wat verband hou met hierdie groot meganisme wat ons verstand is, die eindelose potensiaal van ons psige behoort enigiemand opgewonde te maak wat een van hierdie buitengewone meganismes besit.

Het jy geweet dat die verstand 'n geskatte 2,5 miljoen gigagrepe berging het! Ek glo nie ons beskik nog oor die kapasiteit om so 'n bergingsmeganisme te ontwikkel nie.

Meer as 50 duisend gedagtes per dag, dit is die gemiddelde hoeveelheid gedagtes wat 'n individuele menslike verstand in 'n dag het, Sjoe! Ek het nooit besef dat my gedagtes so energiek was nie, dit verklaar die angs, "as maar."

Kom ons keer terug na die hoofstuk byderhand, Sielkundige feite. Hieronder sal ek net 'n paar feite aandui, maar daar is 'n groot aantal feite op die hart, so neem die tyd en ondersoek die res.

•	Korttermyngeheue kan slegs sewe stukke inligting vir twintig sekondes stoor.
•	Die gemiddelde menslike brein weeg drie pond en bestaan uit 73% water.
•	96% van alle besluite word onbewustelik geneem.
•	Die brein het 86 biljoen neurone en hulle reis teen 150 myl per uur.
•	20% van die liggaam se totale suurstof en energie word deur die verstand gebruik.
•	Ons gedagtes het net 20 minute se aandagspan, korter as dié van 'n goudvis, en 12 minute korter as wat dit 10 jaar gelede was.
•	Die brein begin stadiger word op die ouderdom van 24.

Toe ek van hierdie feite vir die eerste keer sien, was ek verstom, veral die punt dat 96% van ons daaglikse gedagtes onderbewustelik is! 73% water, ek het geweet water is belangrik vir die funksie van ons liggame, maar nou besef ek dat dit nie net vir die liggaam geld nie, maar ook vir die gees.

Kom ons gaan aan met die lys.

• Wanneer dit bedwelm is, kan die brein nie nuwe herinneringe vorm nie.
• Die hippokampus help om korttermyn in langtermynherinneringe te omskep.
• Die brein genereer tussen 12 – 15 watt elektrisiteit, genoeg om 'n gloeilamp aan te dryf.
• Vitamien B kan help om kort- en langtermynherinneringe te verbeter.
• Herinneringe begin in die baarmoeder vorm.
• Oormatige sweet kan die brein tydelik laat krimp.

Die gedagte dat ek 'n gloeilamp vashou terwyl ek dit met my brein aandryf, herinner my aan 'n superskurk wat verwoestende elektrisiteit opwek. Nogal amusant maar tog verhelderend is dit nie?

Dan weer sien ons die punt van herinneringe wat in die baarmoeder vorm, ek raak opgewonde oor hierdie deel aangesien my angs 'n probleem was van 'n uiters jong ouderdom af, dit beantwoord die vraag hoekom.

• Vyf minute sonder suurstof kan breinskade veroorsaak.• Deur 'n tweede keer 'n vasvra te neem, kan die kans om die feite te onthou met 65% verhoog.
• Die aanleer van nuwe elemente verhoog breinmateriaal in die brein.
• Herinneringe word deur emosies geprioritiseer.
• Emosies kan ons breinchemie verander.
• 60 – 70% van die gedagtes van die verstand is negatief.

Ek het geweet dat die meeste van my gedagtes negatief is, maar het nooit besef dat dit soveel kan wees nie, die stryd om positief te bly is 'n moeilike stryd vir die meeste individue en dit bewys hoekom. Die feit dat ons herinneringe deur emosies geprioritiseer word, is 'n skok! Dit beteken dat as geheue nie belangrik geag word volgens ons emosionele reaksie nie, ons dan eenvoudig hierdie geheue verontagsaam.

- Meer as 100 duisend chemiese reaksies vind elke sekonde in die brein plaas.
- Die beoefening van onthou kan PTSV help.
- Die brein se tekstuur en konsekwentheid is vergelykbaar met tofu.
- Die brein self kan nie pyn voel nie.
- Herinneringe verander met verloop van tyd.
- Die brein kan die gapings in geheue vul met opgemaakte reekse van gebeure.
- Ons kan nie eintlik multitask nie; mense kan net aan een kognitiewe taak op 'n slag aandag gee.
- Dopamien veroorsaak soekgedrag, wat veroorsaak dat ons wil, begeer, soek en soek.

Ek het uiters 'n kick uit hierdie feite gekry, ongetwyfeld 'n eye opener. Ek het vertroue dat sommige van hierdie feite jou insig verskaf het in wat die brein in staat is om te bereik.

Jy is waardig, laat geen ander mens jou anders oortuig nie.

Vernon JB Pohl

Die verstand absorbeer

Daaglikse doelwit - leer iets nuuts

Het jy al ooit gehoor van die uitdrukking "'n kind se gedagtes is soortgelyk aan 'n spons met betrekking tot die aanleer van nuwe dinge?", my persoonlike mening is dat hierdie selfde konsep ook op volwassenes van toepassing is. Waaraan ons gedagtes en harte ook al blootgestel word, hulle sal absorbeer.

Soos ons nuwe idees, konsepte en inligting leer, vorm ons gedagtes verbindings tussen die dinge wat ons leer, en die inligting wat reeds in ons herinneringe gestoor is.

Soos ons voortgaan om nuwe effekte te leer, kan ons gedagtes selfs meer verbindings produseer met wat reeds geleer is. Hierdie verbindings maak dit vir ons makliker om vorige ervarings, kennis en vaardighede te herroep.

Deur elke dag iets nuuts te leer, voorsien jy jouself van 'n magdom bykomende inligting wat herroep kan word wanneer nodig.

Wanneer jy iets lees of 'n fliek kyk, probeer onthou wat jy gelees of gesien het. Hoe meer spesifieke besonderhede jy kan onthou oor wat jy bestudeer of gekyk het, hoe groter is jou kans om dit in die toekoms te onthou.

Byvoorbeeld, wanneer ek TV kyk, probeer ek soveel as moontlik besonderhede onthou oor elke karakter wat op die program verskyn waarna ek kyk (d.w.s. hul naam, fisiese beskrywing, beroep).

Wanneer ek saans gaan slaap, herhaal ek hierdie besonderhede oor en oor en beeld dit ook in my gedagtes uit, sodat hulle sal uitstaan wanneer nodig tydens toekomstige gesprekke of besprekings waar hierdie individue deur iemand rondom my genoem word.

Om elke dag 'n poging aan te wend om iets nuuts te leer, is die sleutel om seker te maak dat jou verstand aanhou om nuwe idees en konsepte deur jou leeftyd te leer. Dit kan bereik word deur 'n boek of artikel te lees, 'n dokumentêr op televisie of aanlyn te kyk, na 'n oudioprogram te luister, 'n fliek te kyk of 'n museum te besoek.

Deur dit te doen, sal jy voortbou op 'n meer stabiele toekoms. Onthou dat dit waarmee ons ons gedagtes vul sal besluit hoe ons lewens sal lyk.

As ons ons gedagtes die hele dag/week/jaar vol negatiewe gedagtes pomp, sal ons negatief en giftig word.

Leer om net die positiewe stukke te lees, kyk positiewe televisie-episodes en flieks, kommunikeer met positiewe mense, en leer positiewe elemente en sien wat in jou lewe gebeur. Die veranderinge sal geweldig wees, die lewe sal 'n drastiese wending neem vir jou geestesgesondheid, en jy sal jouself weer na 'n rukkie waardeer.

Ons moet leer om alle negatiewe invloede uit ons lewens vandag te sny om môre 'n beter lewe te lei, wat ook al ons vandag beïnvloed, sal die uitkoms vir môre skep. Leer om jou verstand te waardeer en moenie skuldig voel omdat jy iets verminder het wat 'n negatiewe situasie skep wat afgeweer kon word nie.

Om jouself toe te laat om gelukkig te wees, moet nie die emosie van skuld insluit nie. Om skuldig te voel omdat jy geluk wil vind, moet uit jou ingesteldheid verwyder word, deur hierdie emosie toe te laat om in die gees te woon, gee ons hierdie emosie verblyf in ons gedagtes. Moet nooit skuldig voel omdat jy geluk wil ervaar nie, want om geluk te ervaar is die fundamentele emosie vir geestelike eudaimonia.

Gedurende my lewe het ek altyd hierdie siening oor geluk gehad dat die enigste manier waarop ek gelukkig kan wees, is wanneer ek 'n bevordering kry, trou, meer geld maak, of of of.

Hierdie ingesteldheid was een van die redes waarom ek 'n ineenstorting gehad het, want ek het myself nooit toegelaat om gelukkig te wees op die huidige oomblik nie, ek het nooit verstaan dat die lewe tans is nie, die lewe gebeur in die hede, en nie wanneer my prestasies bereik is nie.

Moenie dieselfde fout maak as wat ek gemaak het nie, leef in die nou en wees ingesluit in die oomblik.

Elke prestasie bring sy eie struikelblokke na vore.

Visualiseer...... Hierdie woord dra sy eie krag. Ek glo dat die uiteindelike manier om die verstand op te lei om positiewe vibrasies te absorbeer, is dat ons dit in ons gedagtes moet visualiseer. Visualiseer watter prestasies ons wil bereik en leef geestelik gesond asof dit reeds gebeur het. Deur dit te doen, laat ons ons gedagtes toe om in die oomblik tevrede te wees met homself.

Om daagliks vitamiene te neem, kan ons geestestoestand aansienlik verbeter, ons geestelike welstand verbeter en geheue verbeter. Sink en jodium help om normale breinkognisie te beheer, B6 en b12 en folaat voorkom moegheid, en omega 3 help om die brein reg te funksioneer.

Ons is in beheer, ons beheer wat deur ons sintuie inkom, wees in beheer.

21

Oefen die verstand

Daaglikse doelwit - lees ten minste 20 bladsye uit 'n boek.

Die meeste mense sal daarop fokus om hul fisiese liggame te oefen, maar tog vergeet dat hul verstand net soveel geoefen moet word as wat hul fisiese liggame doen, "indien nie meer nie."

Wanneer iemand voel dat hul liggame oefening nodig het, sluit hulle by 'n gimnasium aan, maar wanneer hul gedagtes begin kwyn, val hulle terug.

Om die verstand daagliks te oefen, moet 'n topprioriteit op die agenda wees. Om te lees, iets nuuts te leer en gedagtes en gevoelens in 'n joernaal te skryf, is dit belangrik om te onthou dat die omsien na jou gees en liggaam se welstand 'n oefening op sigself is.

Om jou verstand te oefen is 'n aktiwiteit wat jou nie net uitdaag nie, maar jou ook help om jouself beter te verstaan. Deur te lees en te studeer, kan ons meer leer oor onsself en wat ons uit die lewe wil hê.

Lees is een manier om die verstand te oefen, maar 'n daaglikse doelwit kan wees om ten minste 20 bladsye uit 'n boek of artikel te lees. Dit klink dalk na baie, maar as jy elke dag 5 minute lank lees, sal dit tot 20 bladsye in 'n week byvoeg. Doen dit vir een maand en jy sal meer as 100 bladsye gelees het wat nogal betekenisvol is!

Deur boeke te lees wat ons interesseer, sal ons meer gemotiveerd voel om dit klaar te lees, in plaas daarvan om bloot uit skoolboeke te lees wat ons glad nie interesseer nie. As ons belangstellings in fiktiewe romans lê, dan is daar baie gratis webwerwe op die internet waar ons boeke gratis of teen goedkoop pryse kan aflaai soos Barnes & Noble of selfs Amazon.

My gunsteling skrywers is Stephen King, Dean Koontz en James Herbert (die gruwelskrywer). Die lees van hierdie skrywers het my gehelp om myself beter te verstaan, en ek voel my verbeelding het verbeter sedert ek hulle gereeld (oor die jare) begin lees het.
Dit is interessant hoe hierdie skrywers so goed skryf dat jy amper kan deurleef wat hulle beskryf,!

Nog 'n manier om jou verstand te oefen, is deur gedagtes op papier neer te skryf of dit in 'n woorddokument te tik. Dit help ons gedagtes om emosies en gevoelens vry te laat, 'ons merk weer dat joernaal opduik'.

Dit is alles voorbeelde van wat jy daagliks kan doen om voordeel te trek en sterkpunte in geestesgesondheid te skep. 'n Mens se verstand kan net soos enige ander stof op die natuurlike aarde verval.

Navorsing het bewys dat kognitiewe vaardighede mettertyd afneem, dit is die hoofrede waarom ons ons verstand daagliks moet oefen.

Om alternatiewe maniere te vind om geestelike probleme en stokperdjies te hanteer, is 'n uitsonderlike manier om te hanteer, en om voortdurend woedende gedagtes te hanteer. Angstige gevoelens kan na produktiwiteit herlei word.

Bedrukte emosies kan verlig word met positiewe of humoristiese boeke. Een van die beste maniere "uit my persoonlike ervarings" om geestesgesondheidsprobleme te hanteer, is om my verstand daagliks te oefen en alternatiewe maniere te vind om my stryd te hanteer.

Om daagliks 'n geestelike oefening by jou roetine te voeg, kan dalk net jou lewe verander en meer positiewe eienskappe aan jou daaglikse stryd bring. Die gebruik van die verskoning "Ek het nie tyd nie" of "Ek het nie die energie nie" sal niks verander nie.

Niemand kan jou emosies of temperamente herskryf nie, net jy het die krag binne om 'n verskil in jou lewe te maak.

"Wees beter as gister".

Om die verstand uit te daag met sommige van die volgende voorbeelde kan geestesgesondheid aansienlik verbeter. Sommige navorsingsprogramme het bewys dat kleur soortgelyk is aan meditasie, en mediteer is ook bewys om ons geestestoestande te verbeter.

om nuwe vaardighede in ons daaglikse lewe te leer, is die betekenis van hierdie vaardigheid nie van belang nie, solank 'n nuwe vaardigheid of vak gedurende die dag ontbloot is.

Gaan na buite, asem vars lug in en ontspan bloot in die buitewêreld, dit kan die geestelike toestand aansienlik verbeter.

Ons moet almal een of ander tyd in ons lewens kook, of ons daagliks of een keer 'n week kook, 'n nuwe resep leer, iets nuuts probeer, dalk iets eksoties byvoeg, dit sal opwinding by jou lewe voeg en in ruil daarvoor sal jou gedagtes dankie sê jou deur groei en bevrediging.

Begin joernaal

Daaglikse doelwit – begin 'n joernaal

As daar een goeie ervaring was wat ek by my destydse terapeut geleer het, was dat ek my gevoelens moes begin neerskryf, hy het vir my gesê om 'n joernaal te kry en my emosies en gevoelens daagliks neer te skryf.

Ek het my joernaal begin, en my joernaal het my gepubliseerde boek geword. Ek was so lief vir skryf dat skryf my lewe verander het en my weggeruk het van die randjie van vernietiging.

Ek gee nou vir jou die opdrag om jou joernaal te begin soos my terapeut my eenkeer opdrag gegee het. Wie weet, dalk word jy die volgende skrywer, of jou joernaal kan dalk net jou lewe red. Hoe dit ook al sy, jy het niks om te verloor om 'n joernaal te begin nie, jy het net kennis en wysheid om te verkry.

Skryf jou gevoelens, jou emosies, jou gedagtes, jou ervarings gedurende die dag, wie jou gegroet het, wie onbeskof teenoor jou was, of bloot wat jou drome vir die toekoms is neer. Niemand gaan jou joernaal lees nie; jou joernaal behoort aan jou, en daar is geen reg of verkeerd wanneer jy 'n joernaal skryf nie.

Die doel is om daardie gedagtes vry te laat en jouself uit te druk waar jy nie geoordeel of afgekeur sal word nie.

Druk jouself uit deur jou woorde! Los al daardie emosies wat bewustelik en onbewustelik gedurende die dag ophoop. Skryf oor jou drome en wat jy in die toekoms wil bereik.

Wat is jou redes waarom jy wil aanhou lewe, wie is lief vir jou, wie kan jou nie uit hul lewens verloor nie?

Jy word deur baie geliefd "al sien jy dit nie nou nie." Nog 'n opwindende ervaring is om jou eie joernaal van nuuts af te bou. Ek het basiese A4-papier in die helfte gevou, 'n bietjie gom, karton vir die binding gebruik, en 'n ou T-hemp vir versierings.

Die ervaring om 'n mens se joernaal van nuuts af te bou is uiters terapeuties en skep 'n gevoel van prestasie.

So, gaan aan, waarvoor wag jy? Kry daardie artistieke vibes aan die pomp.

Aanvaar jou gebreke en leef emosioneel ongebonde.

Daaglikse doelwit – om jouself te aanvaar vir wie jy is

Geen mens is sonder gebreke nie, ons is almal op een of ander manier gebrekkig. Wie sê hulle is nie gebrekkig nie, leef 'n lewe van dwaling. Om 'n mens se gebreke te aanvaar en te leer om 'n lewe te lei wat emosioneel ongebonde is, behoort ons grootste prestasie en onderneming in die lewe te wees.

Ons moet aanvaar wat ons uniek maak, nie onsself afbreek nie, want dit is ons uiteindelike geskenk! "Uniek wees".

Moet nooit emosioneel gebonde raak aan iets wat verwoesting in die verstand en hart saai nie, los wat ook al jou aan 'n negatiewe ingesteldheid bind, ontlaai jouself, en leef 'n lewe, dit is emosioneel ongebonde, want jy is die moeite werd. Jy is meer werd as wat jy sien om te wees, jy is een, jy is jy!

Om geestesgesondheidsprobleme te hê, definieer ongetwyfeld nie 'n persoon nie, en dit definieer ook nie wie iemand is of word nie. Moenie gebonde wees aan wat die wêreld veronderstel nie, wees die beste weergawe van jouself en leer om jou probleme op jou eie terme te hanteer. Om jou gebreke te aanvaar is 'n mylpaal om te genees en die beste weergawe van jouself te word.

Om emosioneel gebonde te raak verwys na die emosies wat ons ronddra, ons moet op 'n sekere manier word om ander te behaag. Dit is vir my onaanvaarbaar, ons kan nie 'n stryd in ons gedagtes veg en terselfdertyd veg om diegene rondom ons tevrede te stel nie, dit is onmoontlik.

Los die las wat ander by jou druk voeg, jou enigste doelwit moet dié van jou geestesgesondheidstabiliteit wees.

Ek is gebonde aan geen plek of persoon nie, sommige sal beweer dit is 'n eensame bestaan, maar ek stem heeltemal nie saam nie.

Om ongebonde van negatiwiteit te wees, dui nie noodwendig daarop dat ons alle emosionele toegeneentheid uitsluit nie, ons is vry om te bepaal met wie ons lief is.

Erken dat ons altyd eerste en belangrikste ons geestesgesondheid moet toeken.

Deel jou storie met ander

Daaglikse doelwit - deel jou storie met die wêreld of 'n vriend,
inspireer ander.

Om my storie te deel was een van my grootste strategieë vir genesing van my verlede en trauma.

Ek het begin om publikasies saam te stel en 'n blog gestig om bewustheid van geestesversteurings te skep. Dit is hoekom ek die suksesse wat ek gehad het om van my trauma te genees, met julle deel.

Jy hoef nie groot hoeveelhede werk te skep om bewustheid te versprei of blogs te skep soos ek gedoen het nie. Om eenvoudig jou storie via jou sosiale webwerf te deel, sal voldoende wees.

Om jou suksesse en mislukkings met die wêreld te deel skep 'n ruimte vir persoonlike genesing en groei, en deur dit te doen deel jy met ander wat in dieselfde situasie sukkel dat daar hoop is en dat hulle nie in die stryd verlate is nie.

"Inspireer ander terwyl jy groei in jouself inspireer"

Om 'n mens se storie te deel is nie 'n maklike taak nie, dit verstaan ek uit ondervinding, maar niks wat die moeite werd is om voor te veg, het ooit maklik gekom nie. Jou geestesgesondheid is die moeite werd om voor te veg, so hoekom sal jy die maklike manier neem? Dikwels het die mees brutale paaie die mees belowende uitkomste.

Jou storie verdien om gehoor te word; jy is meer werd as wat jy jou kan voorstel. Deur ons stories te deel, dwing ons om ons vrese in die oë te kyk en sodoende genees ons en word ons beter as wat ons gister was.

Genesing behoort ons hooffokus te wees, wanneer ons ons stories met die wêreld deel, betree ons 'n genesingsproses en skep ruimte vir groei.

Om 'n blog te skep is 'n wonderlike manier om 'n mens se storie te deel. Danksy tegnologiese vooruitgang was die skep van sosiale webwerwe nog nooit so maklik nie. Om bloot 'n enkele sosiale webwerf te skep of 'n volledige sosiale netwerk te skep, die keuse is joune.

Stel 'n boek saam, meeste mense is bang om 'n boek saam te stel, want die proses van skryf word verkeerd verstaan, skryf was nog nooit so eenvoudig as wat dit vandag is nie. Ons het verskeie platforms wat help met die proses om ons boeke te skep en te publiseer, om omslae en grafika te ontwerp is selfs eenvoudiger as om die boek self te skep.

'n Situasie word slegs 'n struikelblok wanneer ons toelaat dat die situasie 'n hindernis word.

Daaglikse bevestigings

Daaglikse doelwit - Skep 'n lys van daaglikse bevestigings en verklaar dit voordat die dag begin.

Vir die laaste paar maande lees ek buitensporige hoeveelhede artikels waar dit verklaar word dat dit wat ons uit ons mond laat ontsnap, ons tot aksie in ons fisiese lewe oproep.

Wat ons ook al "Negatief of positief" kies om ons mee te omring, dit sal wees wie ons ontwikkel om te wees. As ons gedagtes voortdurend negatief is, sal ons lewens negatief word.

As ons woorde voortdurend negatief is, sal ons lewens negatief word. Dit word die "wet van aantrekking" genoem, ons lok watter woorde ons ook al praat.

Leer om net positief te praat, positief te dink en jouself met positiwiteit te omring, die transformasies in jou lewe sal bewys word van jou prestasies.

Maak 'n lys van daaglikse bevestigings soos, ek is goed genoeg, ek is suksesvol, of ek is gesond. Op hierdie manier begin jy jou dag in 'n positiewe toon en maak reeds die weg vir 'n positiewe dag.

Gaan selfs so ver as om 'n tweede lys bevestigings te skep waar jy jou positiewe ingesteldheid bevestig voordat jy gaan slaap, op hierdie manier gee jy die toon aan vir jou slaappatroon daardie nag.

Hoe meer ons iets bevestig, hoe meer oortuig ons ons verstand dat ons positief of suksesvol is. Wat ook al jou bevestiging is, dit is noodsaaklik dat ons ons gedagtes oortuig van dit wat ons wil bereik.

Wanneer ons onsself afbreek met ons woorde, oortuig ons ons gedagtes van hierdie foute wat ons in onsself waarneem, en deur dit te doen, verpletter ons ons verstand en fisiese liggame sonder om dit eers te besef.

Ons word waaruit ons woorde bestaan.

Spreek sukses en genesing as hede en nie toekoms nie, want ons moet in die oomblik lewe, tans, en nie wat kan kom nie.

Onthou altyd dat jy genoeg, sterk genoeg, goed genoeg, gesond genoeg is.

Jy is volop!

Wanneer selfmoordgedagtes 'n werklikheid word

Daaglikse doelwit – Oefen jou liggaam vir ten minste 30 minute per dag.

Die gedagtes van selfmoord kan jare lank by ons spook sonder om ons daarop te laat reageer, maar tog verander die lewe in 'n oomblik. Dit was my persoonlike ervaring met betrekking tot 'n selfmoordpoging.

Ek het my verbeel hoe my selfmoord en dood oor en oor in my kop sou wees, vir jare voordat ek uiteindelik probeer het om selfmoord te pleeg. My fout was om nie ondersteuning te soek of my emosies aan te spreek voordat dit te laat was nie.

Ons sleep hierdie las oraloor sonder om dit die meeste van die tyd te besef, en dus word die gevolg rampspoedig.

My lewe was verwronge toe ek in 'n hospitaal wakker geword het nadat ek vir twee dae in 'n koma was weens 'n selfmoordpoging, ek is uiters bevoorreg om vandag te lewe. Die kans dat ek sou oorleef was skraal tot geen, tog sit ek hier en skryf my vierde boek.

Dit is nooit te laat om verligting na te streef, met iemand te praat, jou gevoelens te bespreek met iemand wat jy vertrou nie, en bowenal om te ontsnap uit enige negatiewe situasie wat jou beperk. Druk jouself eerder uit as om in 'n hospitaal te beland, of erger nog, in 'n lykshuis.

Enige negatiewe gevoel, emosie, gedagte of gedagte van selfmoord is 'n teken van diepergewortelde trauma wat opgelos moet word. Die gevoel van onwaardig wees moet gekonfronteer word met al die mag in ons, want dit is die grootste fabel wat ons vir onsself vertel, "dat ons nie waardig is nie".

Jy is waardig, kanse dat ons gebore word is een uit 400 triljoen! Verbeel jou net dat jy dan dink jy is nie die lewe waardig nie.

Eerder as om 'n mens se lewe te beëindig, het ek geleer dat ons die lewe moet leef soos ons verkies, nie soos die samelewing van ons verwag om te bestaan nie. Dit is een van die redes hoekom ek nog lewe, ek het tot die gevolgtrekking gekom dat ek die lewe sal leef soos ek kies en op die manier wat my gelukkig maak, nie hoe die samelewing vereis dat ek gehoorsaam is nie, 'binne die grense van die wet'.

Moet nooit opgee nie!
Hou aan baklei!
Wees wie jy graag wil wees!
Wees dit wat jou bly maak, want dit is wat jou hart en verstand sal genees!

Daaglikse meditasies vir 'n gesonder geestestoestand

Daaglikse doelwit – Ondersoek die voordele en maniere waarop meditasie 'n mens se lewe kan verbeter, neem dan die eerste stap en mediteer vir 'n meer stabiele geestelike toestand.

Toe ek maniere begin ondersoek het wat met my geestesgesondheidstoestand kan help, het ek op die term "meditasie" afgekom. Dit was iets waarvan ek niks geweet het nie, my familie het dit nooit genoem nie, en ek het ook nie meditasie geleer tydens my kort bestaan nie.

Soos ek dieper gedryf het om meditasie na te vors, het ek ontdek dat ons geestelik, verstandelik en fisies kan genees deur ten minste twee keer per dag vir 'n minimum van 20 minute per sessie te mediteer.

Daar is honderde maniere om te mediteer, en elke persoon of webwerf sal jou 'n ander metode van meditasie leer, maar tydens my genesingsreis het ek geleer dat daar geen reg of verkeerd is wanneer dit by meditasie kom nie. Die belangrikste aspek van meditasie is genesing van binne na buite. Daar is geen regte of verkeerde standpunt nie.

Asemhaling is merkwaardig belangrik in meditasie, aangesien dit suurstof in die gees voer, en die verstand is waar ons uiteindelik verwag om te genees.

Wanneer jy 'n posisie kies, is dit die beste om 'n posisie te kies wat vir jou gemaklik is, want gedurende die meditasieperiode sal jy so stil as moontlik wil bly. Weereens, terwyl jy stil bly, bly asemhaling uiters belangrik.

Terwyl jy in 'n meditasietoestand is, moenie jou gedagtes toemaak nie, laat jou gedagtes vloei, fokus op die gedagtes wat opkom en leer waar die negatiewe gedagtes ontstaan. Ons wil by die wortel uitkom van die probleme wat ons in ons lewens het, en die beste plek om te begin is in ons gedagtes.

As jou gedagtes stil is, is dit ook goed, fokus net daarop om stil te bly en om een met jou verstand te word, om jou gedagtes te beheer en wat in jou gedagtes aangaan, behoort een van die hoofprioriteite te wees.

Moenie te groot maak van mediteer nie, soos ek al voorheen genoem het, ons wil genees, en as ons iets forseer, genees ons nie. Neem dit stadig, haal asem, voer 'n gesprek in jou gedagtes en raak gemaklik daarmee om tyd met jouself deur te bring.

Ek kan nie tel hoeveel keer mense vir my gesê het dat net onstabiele mense met hulself praat nie, of dit is goed as ek met myself praat solank ek nie myself antwoord nie.

Laat ek jou vertel dat een van my grootste genesingsprosesse was om 'n gesprek met myself te voer. Ek kan met myself praat, myself antwoord en selfs met myself stry as ek moet. Dit het my gehelp om gemaklik te raak met my verstand, ons spandeer 24 uur per dag binne 'n liggaam, en wat beheer ons liggame? Ons gedagtes!

Konflikoplossing word die beste opgelos met 'n oopkop gesprek, so hoekom nie die konflik binne die verstand oplos nie.

Ons verstand is die enjins van ons fisiese liggame, leer jou verstand, voer 'n gesprek in jou gedagtes, en die belangrikste, word gemaklik om in jou verstand te wees.

Om jouself te aanvaar

Daaglikse doelwit – Vandag is die dag dat jy vergeet wat die wêreld sien, verby al die oordele kyk wat rondgegooi word, en net die perfekte manier wees waarop jy nou is.

Geestesversteurings, probleme of struikelblokke moet nie afgekeur word nie, ons moet nie alleen in 'n donker kamer wegkruip nie, ons moet nie wegkruip van die wêreld nie, en ons moet onsself uniek en perfek kan uitdruk op die manier waarop ons is.

Aanvaar jouself want dit is die beginproses van genesing. Moenie skaam wees oor wat ander as "normaal" beskou nie, jy is perfek soos jy is.

Wanneer mense my letsels opmerk, frons hulle óf, vra oormatige en ongemaklike vrae óf neem aan dat ek gevaarlik is, tog is my letsels 'n herinnering aan my sterk punte en wat ek moes verduur om te word wie ek vandag is. Ek het my letsels aanvaar, ek het my verlede aanvaar, en ek aanvaar wie ek is en waar ek vandaan kom.

Om onsself te aanvaar speel 'n geweldige rol in die genesingsproses, ons verander vir ander of omdat die samelewing ons nodig het omdat ons nie is wat hul standaarde van ons vereis om te wees nie, maar dit is presies wat ons breek.

Ons moenie gedwing word om te word wie ons nie is nie. Verbeel jou net die krag in jouself om soggens uit die bed op te staan as jou hele wese skree om in die bed te bly, om aan die lewe te bly wanneer alles binne skree vir 'n einde of wanneer ons werk toe gaan maar alles binne glo dat die wêreld uitmekaar val.

Ons het soveel meer krag as wat die meeste kan begryp.
Om onsself te aanvaar vir wie ons is en leer om geestelike probleme te hanteer, help grootliks in die genesingsproses.

Kyk in die spieël en besef wat jy moes verduur om te oorleef, om vandag hierdie boek te kan lees beteken dat jy reeds geslaag het en dat jy vandag sterker is as gister.

Wees die held wat jy verdien.

40

41

Inspireer die jy van môre.

Elimineer dwelmmiddels en alkohol

Daaglikse doelwit - Herken en kyk na jou swakhede.

Wanneer iemand met hul geestesgesondheid sukkel, beveel ek altyd aan dat hulle stowwe en alkohol uit hul lewens verwyder. Uit persoonlike ondervinding weet ek die gebruik van alkohol of die gebruik van middels dat ons die probleem vererger.

Gedurende die donkerste deel van my lewe het ek 'n volwaardige alkoholis geword en op die ou end het ek selfmoord probeer pleeg. Elke keer as ek alkohol ingeneem het, het ek selfverminking gedoen.

Ek sou almal wat ek ken bel en my woede op hulle uithaal. Om die wêreld vir my geestelike onstabiliteite te blameer, in plaas van om te genees, het ek 'n situasie geskep wat hanteerbaar kon gewees het.

Toe ek in 'n hospitaal wakker word nadat ek twee dae lank in 'n koma was weens my laaste selfmoordpoging, het ek besef dat niemand in staat was om my te genees nie, die enigste persoon wat my sou kon genees was ek.

Toe ek dit besef, het ek my hele lewe verander en my genesingsproses begin. Moet my nie verkeerd verstaan nie, ek sukkel steeds met my geestesgesondheid, maar ek kan jou belowe dat my geestesgesondheid soveel gesonder is as wat dit was toe ek alkohol gedrink het.

Genesing vind nie oornag plaas nie, en is ook nie maklik nie. Genesing verg tyd en moeite, ongelukkig moet ons 'n paar slegte gewoontes prysgee op pad na ons genesingspaaie.

Om alkohol en stowwe uit ons lewens uit te skakel is een van die eerste slegte gewoontes wat die stewel moet kry, want die gebruik van een van die twee skep ruimte vir selfvernietiging en nie genesing nie.

Ek het vroeër vir myself gesê dat ek my alkoholmisbruik kan beheer, maar ek weet nou dat ek hierdie leuen geskep het vir my om te glo omdat ek die idee gehaat het om alkohol in my truspieël te los. Ek was mal oor die gevoel om dronk te wees, maar toe ek die volgende oggend vol bloed wakker word weens die selfverminking, het ek myself elke keer gehaat.

Tog het ek aangehou omdat ek myself aangehou het om te bedrieg.

Tot ek wakker geword het van klinies dood en toe vir twee dae in 'n koma.

Ek het geweet ek moes veranderinge in my lewe maak en ja, ek het, ek is nie eendag spyt oor my besluit nie, en ek sal mense met geestelike onstabiliteit aanhou aanbeveel om alkohol en stowwe uit hul lewens uit te sluit, want dit is 'n massiewe stap na genesing .

Kyk na jou verlede en weet watter krag jy binne het om nog hier te wees, gebruik daardie krag om stowwe en alkohol uit jou lewe uit te sluit.

Die hartseer wat die samelewing se verwagtinge skep

Daaglikse doelwit – Wees oop oor emosies.

Die eerste reaksie wat ek gewoonlik kry wanneer ek my emosionele toestand, my geskiedenis van selfverminking of selfmoordpogings bespreek, is "hy doen dit net om aandag te soek."

Dit is die hartseer werklikheid en wanopvatting van geestesongesteldheid; mense is geneig om die stigma te volg dat geestesongesteldheid 'n vorm van aandagsoek is.

Die opmerking van 'n goeie vriend oor my herhalende selfverminking het my ongeveer 'n maand lank in 'n afwaartse spiraal gesit. Na een opmerking deur iemand wat onkundig oor geestesgesondheid en onopgevoed is, terwyl hulle nie begeer om opgevoed te word nie, het al my werk om beheer oor my emosies te kry by die venster uitgegaan. Ek het gevoel dat selfhaat, uiterste depressie en angs alles opvlam.

Om met geestesgesondheid te sukkel is nie 'n doodsvonnis nie, en ook nie om deur die samelewing afgekeur te word nie, ons kan 'n normale en vervulde lewe lei met die korrekte behandeling en ondersteuning van ons geliefdes.

Hierdie prentjie van die perfekte mens word deur die samelewing geskep, ons moet wakker word en werk toe gaan. Trou op 'n sekere ouderdom en kry kinders. Word suksesvol in jou werkveld. Gaan slaap, slaap ten minste 8 uur, en herhaal.

Hierdie prentjie is byna onmoontlik vir sommige van ons as gevolg van ons geestesgesondheid stryd, maar met die korrekte behandeling kan die lewe hanteerbaar wees.

Ek persoonlik kan nie 8 uur per dag slaap nie as gevolg van my aanhoudende wedrenne gedagtes, ek het nog nooit 'n stabiele verhouding gehad as gevolg van my verlatingsprobleme nie, en werk vir my na my selfmoordpoging is amper onmoontlik.

Ek weier om kinders te hê, want ek weier dat 'n ander mens emosionele trauma en lewe ervaar soos ek.

Dit is net my storie, maar die meeste mense wat met hul geestesgesondheid sukkel, is bang om hul stories te deel weens die stigma wat deur die samelewing geskep word.

Wat is normaal? Normaal vir jou is dalk nie vir my normaal nie. Vir sekere lande is die tipe kos wat hulle eet normaal vir hulle, maar jy sal waarskynlik nie hulle kos eet nie, want vir jou is dit nie normaal nie. Vir sekere godsdienste is 'n sekere lewenswyse normaal, maar vir die volgende is dit abnormaal.

Hou op met die stigma dat iemand wat met geestesgesondheid sukkel onstabiel, onbetroubaar, vreemd is, of dat hulle nie 'n normale lewe kan lei nie.

Skei godsdiens van geestesongesteldheid

> Daaglikse doelwit – Doen navorsing oor
> geestesgesondheidsgeskiedenis.

Ek het 'n rukkie terug 'n artikel oor die geskiedenis van geestesongesteldheid gedoen, en tot my grootste verbasing tydens my navorsing het ek gevind dat geestesongesteldheid en godsdiens in die meeste van die geskiedenis verweef is.

Wanneer 'n individu een of ander vorm van verstandelike gestremdheid gehad het, was die diagnose demoniese besetenheid (een van baie diagnoses wat aan godsdiens gekoppel is).

Die heksejag gedurende 1600 is 'n enorme voorbeeld van die verband tussen geestesongesteldheid en die godsdiens wat mense geskep het, sommige van die vroue wat verbrand of gemartel is, was geestelik onstabiel, en hulle is daarvan beskuldig dat hulle heksery uitvoer, of was deur demone besete.

Elke kultuur het sy eie godsdiens en elke godsdiens sy eie oortuigings, tog raak godsdiens en geestesongesteldheid om een of ander rede altyd verweef.

As kind is ek grootgemaak in 'n godsdiens dat as jy sielkundig gely het, dit was as gevolg van sonde, of 'n bose entiteit wat aan ons siele vasgeklou het, of omdat ons versuim het om genoeg van onsself aan ons skepper te gee.

Eers onlangs toe ek werklik geestesgesondheidskwessies begin bestudeer het, verstaan ek die geskiedenis en waar geestesgesondheid vandaan kom.

Om geestelik onstabiel te wees het niks met enige godsdiens te doen nie, en die wanopvatting wat dit wel doen, is die rede waarom so baie mense rondloop en 'n stille stryd ly wat nie deur die wêreld gesien word nie.

Dit is die rede waarom die selfmoordstatistieke so hoog is, as gevolg van die stigma wat oor geestesversteurings geskep word.

Neem die tyd en lees my volledige stuk oor die geskiedenis van geestesversteurings later in die boek om te verstaan hoekom godsdiens en geestesongesteldheid geskei moet word en nooit met mekaar verweef moet word nie.

Daar is soveel meer wat ek oor hierdie onderwerp wil sê, maar ek sal my daarvan weerhou om in detail in te gaan.

Vermy verhoudings totdat geestelike stabiliteit bereik is

Daaglikse doelwit – Werk aan geestelike welstand voordat jy jou tot 'n verhouding verbind.

Uit my persoonlike ervaring het ek gesien dat om in 'n verhouding te wees en nie beheer oor 'n mens se geestesgesondheid te hê nie, 'n bedreiging vir beide individue, fisies en geestelik, word.

Van my kinderhuis tot my eie mislukte huwelik, het ek eerstehands gesien wat geestelike onstabiliteit, en 'n verhouding nie net aan die individue self doen nie, maar ook die mense naaste aan hulle.

Ons moet eers onsself vind, wie ons is en leer om onsself lief te hê. Ons moet in staat wees om vir onsself te sorg voordat ons ons selfs kan voorstel om vir ander te sorg. Dit is 'n reël waarvolgens ek onlangs begin leef het, en het my tot dusver in baie situasies gehelp.

In die geval van my eie mislukte huwelik was ek vir 'n goeie deel van die verhouding geestelik onstabiel. Dit was eers toe ek besluit het om aan myself te werk dat dinge vir ons albei afdraand begin gaan het, want hierdie persoon wou hê ek moet daar wees vir haar, en al wat ek wou hê, was om van die werklikheid te ontsnap.

Ek het geen beheer oor my verstand gehad nie en ek het dit laat gebeur, daarom is dit belangrik dat ons nie verhoudings aangaan voordat ons geestelik stabiel is nie, anders gaan alles verlore.

Ons moet tyd met onsself deurbring en verstaan dat ons as mense emosies het wat een of ander tyd in ons leeftyd hanteer moet word.

Ons moet genees van enige vorige traumas om in 'n gesonde verhouding te kan bly.

Ek het gesien hoe ongelooflike paartjies giftig word en mekaar uitmekaar ruk, wat trauma nie net in hul lewens laat nie, maar diegene rondom hulle omdat een of albei onbehandelde geestesgesondheidskwessies gehad het.

Van my huwelik af het ek dit gesien, ons was gelukkig in die begin, maar mettertyd het al daardie onbehandelde traumas bietjie vir bietjie, dag vir dag in my gedagtes begin inkom, sonder dat ek eers besef het totdat dit te laat was. Die trauma wat uit daardie huwelik gelaat is, is onomkeerbaar.

Vind jouself, jou pad, genees en sprei eers jou vlerke voor jy 'n verhouding aangaan. Nadat die genesingsproses voltooi is, sal die verhoudings wat volg 'n ongelooflike ervaring wees.

Ek het nooit gesê dit gaan maklik wees nie, veral vir iemand wat verlatingsprobleme of afhanklike afwykings het, dit sal nie 'n maklike taak wees nie, maar niks wat iets werd is in die lewe het ooit maklik gekom nie.
Ons moet onsself liefhê en aanvaar vir wie ons is, nie verander wie ons is as gevolg van 'n ander se wens nie.

Jy is perfek!
Ek is perfek!
Hy is perfek!
Sy is perfek!
Ons is perfek!

Die verkryging van 'n gesonde hanteringsmeganisme

Daaglikse doelwit – Bepaal jou gesonde en ongesonde hanteringsmeganismes.

Elke mens het een of ander vorm van hanteringsmeganisme, of dit nou goed of sleg is, 'n manier om die lewe, verhoudings, geestesgesondheidskwessies of ouderdom te hanteer.

Die vraag wat ons moet vra is of ons hanteringsmeganismes vir ons gesond of ongesond is.

Ek het 'n paar verskriklike hanteringsmeganismes gedurende my lewe gehad, alkoholmisbruik, dwelmmisbruik, selfverminking en egbreuk. Ek het geleer om gesonde hanteringsmeganismes op my eie manier te verkry, hierdie keuse het my lewe ten goede verander, en ek sal nooit spyt wees dat ek die veranderinge in my lewe gemaak het nie.

Voorbeelde van gesonde hanteringsmeganismes sluit in oefening, skryf of teken, stap of instrument speel.

Sien jy die verskil tussen wat ek gebruik het as 'n hanteringsmeganisme en dié wat ek hier as voorbeelde gebruik het? Daar is 'n massiewe toename in gesondheid en geestesgesondheid wanneer ons gesonde hanteringsmeganismes begin gebruik om deur ons gevegte te kom.

Elke individu moet uitvind wat hul mees positiewe hanteringsmeganisme is, aangesien elke mens trauma en geestesgesondheidsprobleme verskillend ervaar. Daar is nie een meganisme wat ek aan almal kan voorstel nie as gevolg van die feit dat ons emosies anders ervaar.

Sommige sal redeneer dat mense se vermyding nie 'n gesonde hanteringsmeganisme is nie, maar vir my is dit die enigste manier waarop ek die daaglikse lewe kan hanteer.
Daar bestaan twee tipes hanteringsmeganismes, 'probleem-gefokusde hantering' en 'emosioneel-gefokusde hantering'. Elkeen met sy eie stel meganismes.

Probleemgefokusde hantering is die aksie wat op die oomblik of daarna geneem word om die situasie te hanteer, soos om iets of iemand uit jou lewe te verwyder vir die verbetering van jou geestesgesondheid

Emosioneel-gefokusde hantering soos geestelike ontspanning of afleiding. Byvoorbeeld, om 'n ontspannende bad te neem.

Die een belangrike aspek om te onthou wanneer jy jou hanteringsmeganismes definieer, is dat hierdie meganismes nie geskep moet word om jou aandag altyd van die probleem af te lei nie, dit is die beste om meestal meganismes te gebruik om die nood te help verlig.

Neem medikasie soos voorgeskryf deur
mediese professionele persone;
kry behandeling as simptome
weer verskyn;
moenie jou geestesongesteldheid vir
diegene na aan jou wegsteek nie;
moenie dat jou geestesongesteldheid
jou lewe beheer nie;
soek professionele hulp as simptome
vererger of nuwes ontwikkel;
omring jouself met ondersteunende mense
wat jou sal aanmoedig en jou deur jou reis sal help.

Vernon JB Pohl

Skep 'n stabiele huisomgewing

Daaglikse doelwit – Verbind tot die skep van 'n stabiele huisomgewing.

Om 'n onstabiele huisomgewing te hê kan 'n massiewe negatiewe impak op 'n persoon se geestesgesondheidstabiliteit hê, van 'n kind tot 'n volwassene. Die meeste gevalle van geestesgesondheidsversteurings spruit uit kindertrauma.

Dit wys net vir ons dat 'n stabiele huisomgewing uiters belangrik is as ons geestelik wil genees en geestelike onstabiliteite in toekomstige geslagte tot die minimum wil beperk.

Ek het 'n uiters persoonlike ervaring met hierdie spesifieke onderwerp gehad, aangesien ek grootgeword het in 'n huis waar fisiese en geestelike mishandeling deel van die daaglikse tema was. Dit het brandstof bygedra tot my reeds onstabiele gemoed, aangesien familie-geïnfuseerde geestelike onstabiliteite reeds deur my gene geloop het, jare se mishandeling en trauma gelei het tot my byna dood toe ek probeer selfmoord pleeg en deur jare se selfverminking episodes gely het.

Ek glo dat 'n huislike omgewing die kern bepaal vir wie ons uiteindelik word en hoe stabiel ons blyk te wees.

Verhoudings word uitgekerf in die stabiliteit van 'n huis; dit lê die grondslag of 'n verhouding deur die moeilikhede van die daaglikse lewe gaan voortduur of verkrummel met die fondament wat gebou is om dit te handhaaf.

Ek het dit deur my eie huwelik ervaar, ek het eers na die egskeiding besef dat ek nie geweet het hoe om 'n stabiele huislike omgewing te skep nie as gevolg van wat ek grootgeword het.

My hele lewe is net op een manier geleer, "my manier of die hoë manier". Ek moes my ingesteldheid herbou, al daardie ongesonde hanteringsmeganismes afleer en myself dwing om alleen te wees totdat ek geweet het hoe om 'n stabiele huisomgewing te skep en nie 'n giftige of vernietigende een nie.

Die huis is 'n toevlugsoord, 'n plek van vernuwing en ontspanning, om jouself te vind na 'n lang dag se arbeid, maar vandag ervaar ek mense wat daagliks sukkel weens hul huislike omgewings. Dit is die hartseer werklikheid van ons lewe.

Jy kan hierdie ketting breek wat deur generasies afgebring is, wees die skakel wat die skade wat diep binne gegraveer is, verpletter.

Toekomstige generasies hoef nie te ly as gevolg van die skade wat vorige generasies aangerig het nie.

Verstaan jou snellers en vermy snellersituasies

Daaglikse doelwit – Identifiseer snellers.

Wikipedia-definisie van 'n trauma-sneller - 'n Traumatiesneller is 'n sielkundige stimulus wat die onwillekeurige herroeping van 'n vorige traumatiese ervaring veroorsaak. Die stimulus self hoef nie skrikwekkend of traumaties te wees nie en mag slegs indirek of oppervlakkig herinner aan 'n vroeëre traumatiese voorval, soos 'n geur of 'n kledingstuk. Snellers kan subtiel en moeilik wees om te verwag. 'n Trauma-sneller kan ook 'n traumastimulus, 'n traumastressor of 'n traumaherinnering genoem word.

Die meeste individue wat aan trauma of geestelike probleme ly, weet dat 'n sneller vloede van onstabiliteit of emosies terugbring wat in die vorm van fisiese of emosionele gevolge kan wees. Dit word gesien as 'n sneller, en elke individu het sy eie vorm van sneller.

Ek kan nie konflik verdra nie, sodra daar konflik om my is, sluit my hele wese af, my binneste begin onbeheersd bewe, en ek ervaar hierdie sensasie in my bors wat ek meestal sukkel om aan mense te verduidelik, voel asof my hart mee klop so intensiteit dat ek af en toe glo dat "dit is my tyd, die dood het uiteindelik gekom om te ontvang".

Hierdie onverklaarbare emosie word geskep deur 'n sneller so eenvoudig soos die dag-tot-dag konflik tussen individue. Dit gebeur selfs wanneer ek in 'n winkelsentrum is en 'n ouer sou hul kind vloek, sou ek net die winkel emosioneel verlaat aangesien ek vandag weet dat konflik een van my grootste snellers is.

Om hierdie situasies te vermy is die beste vir my geestelike welstand, ek weet dit deur ervaring, en ek weet vandag dat dit noodsaaklik is om hierdie situasies te vermy vir my geestelike groei.

Die meeste mense ervaar die krag van 'n onverwagte herinnering of emosionele terugflits, soos 'n eerste soen, gesinsvakansie, of bloot tyd spandeer saam met daardie spesiale persoon, maar vir diegene van ons wat met PTSD of 'n soortgelyke afwyking te doen het, is hierdie onverwagte geheue kan pynlike fisiese emosionele reaksies ontbloot.

Eenvoudige vorme van selfterapie kan geweldig help wanneer dit geaktiveer word, soos om bewus te wees van wat op die oomblik gebeur, of om 'n grondstuk te alle tye noukeurig te hou om jouself aan die huidige oomblik te herinner.

Onthou altyd om vriendelik met jouself te wees en te weet wat in die verlede gebeur het, is nie jou skuld nie. Wees sterker as jou verlede.

Doen navorsing oor die 'flashback-stop-protokol', dit is 'n uitstekende vorm van realiseringstegniek.

Verander na 'n gesonder dieet vir 'n gesonder verstand

Daaglikse doelwit – Verander na 'n gesonder dieet.

Tydens die bladsye van hierdie boek het ek bespreek hoe ons fiksheidsgimnasiums op elke hoek in elke stad kan vind om fisieke gesondheid te handhaaf, maar minimum instellings om geestesgesondheid te handhaaf.

Ons is geleer dat wat ons eet ons sal help om goed te lyk en goed te voel, maar nie wat om te eet vir ons geestesgesondheid nie. Hierdie scenario is net een van die voorbeelde van hoe ons van jongs af geleer is oor die belangrikheid van fisiese gesondheid, maar niks oor ons geestesgesondheid nie.

Om gesond te eet speel 'n groot rol in die handhawing van 'n gesonde gees, en deur sekere spyskaarte uit ons dieet te verminder, kan ons geestesgesondheidsprobleme aansienlik verminder.

Verwerkte voedsel is 'n noodsaaklike deel van ons daaglikse voedselinname, tog is sekere verwerkte voedsel van die ergste voedsel wat ons kan verbruik, en die vermindering van verwerkte voedsel uit ons dieet kan geestelike probleme aansienlik verminder.

Definisie van verwerkte voedsel; Volgens die Verenigde State se departement van landbou word verwerkte voedsel gedefinieer as enige rou landboukommoditeit wat onderhewig is aan was, skoonmaak, maal, sny, kap, verhit, pasteuriseer, blansjeer, kook, inmaak, vries, droog, dehidrasie, vermenging , verpakking of prosedures wat die kos van sy natuurlike toestand verander.

Om die verkeerde dieet te hê, kan tot verskeie probleme in ons daaglikse lewens lei, dit sluit in, maar nie beperk nie tot, moegheid, verswakte besluitneming en vertraagde reaksie.

Sommige studies het so ver gegaan om te bewys dat die verkeerde dieet stres en depressie kan vererger. Dit wys ons net hoe belangrik ons daaglikse diëte is vir nie net ons fisiese gesondheid nie, maar nog belangriker ons geestesgesondheid.

Verwerkte voedsel, een van die samelewing se hoofbronne van inname, is vol meel en suikers in plaas van vrugte en groente wat ryk is aan voedingstowwe. Ons vervang ontbyt met koffie as gevolg van tydsberekening, en vervang aandete met kitskos weens gerief, en in die proses bloei ons ons gedagtes droog van voedingstowwe wat nodig is vir oorlewing.

Dit is 'n hartseer werklikheid, maar dit is die realiteit van baie mense se lewens.

Die suikers in verwerkte voedsel lei tot ontsteking in die liggaam en brein, en dit is erken as 'n bydrae tot die kanse dat individue gemoedsversteurings opdoen

Wat doen ons as ons terneergedruk voel, ons gryp dit na my op, soos roomys of 'n lekkergoedkroeg, of in my geval energiedrankies. Hierdie kitsoplossing skep meer skade as goed, want suikers kan die bui vir 'n oomblik verhoog, maar binne 'n paar oomblikke is ons terug na die af-gevoel, dan herhaal ons.

'n Eindelose bose kringloop wat die geluk reg uit ons tap. Breek hierdie siklus deur die ingesteldheid ten opsigte van kos te verander, eet eerder vrugte en groente, of donkergroen blaargroentes wat ryk is aan omega 3 en merkwaardige breinbeskermers is, of neute, sade en boontjies wat uitstekende voedsel vir die brein is.

Hierdie geestelike bevorderende kosse hou baie langer as die kort hupstoot wat suikers gee.

Dit is deur sommige navorsingstudies bewys dat 95% van die liggaam se voorraad serotonien "gemoedstabiliseerders" deur dermbakterieë geproduseer word. Dit dui daarop dat wat ons eet 'n beduidende uitkoms op ons geestesgesondheid het, meer as wat die meeste van ons ooit kon dink.

Top drie voedselkategorieë vir 'n gesonde gees. "Insluitend 'n seleksie vir Vegans".

Komplekse koolhidrate
- Bruinrys
- Styselagtige groente
- Quinoa
- Beet
- Soetpatats

Maer proteïene
- Hoender
- Vis
- Eiers
- Vleis
- Sojabone
- Neute
- Sade

Vetsure
- Vis
- Vleis
- Eiers
- Neute
- Vlassaadjies

Vir Vegans
- Chia sade
- Bloubessies
- Avokado's
- Sonneblomsaad
- Seldery

Wenke vir 'n geestelik gesonder eetstyl

- Verminder die totale inname van versnaperinge soos aartappelskyfies drasties. Hierdie tipe versnaperinge benadeel die vermoë om te konsentreer.

- Suikerige versnaperinge soos lekkergoed en koeldrank moet daagliks verminder word aangesien dit uiterste op- en afdraandes in energievlakke veroorsaak.

- Die verbruik van aansienlike hoeveelhede gesonde vette soos olyfolie, klapperolie en avokado's ondersteun buitengewoon gesonde breinfunksie.

- Wanneer hongersnood aanbreek of die drang om iets te eet, eet eerder 'n gesonde versnapering soos vrugte, neute, hardgekookte eiers of gebakte aartappels.

- Moet nooit inkopies doen as jy honger is nie, dit skep impulsiewe aankope en dan sal jy oorbestee aan items wat nie nodig is nie, en die kanse om ongesonde produkte te koop, verhoog.

Emosionele besluitneming

Daaglikse doelwit – Ondersoek jou persoonlike emosionele besluitnemingservarings.

Omdat ons emosionele wesens is, sal elke besluit of gedagte wat ons het heel waarskynlik vernietigend of negatief wees, dit staan bekend as negatiwiteitsvooroordeel.

Eerder as om 'n situasie te omhels deur verstandelike begrip en denke, word ons negatief en impulsief.

Moet my nie verkeerd verstaan nie, emosies is die boustene van menslike bestaan, ek glo net dat ons emosies ook die rede kan wees vir die geestelike onstabiliteit wat ons in die gesig staar.

Neem byvoorbeeld 'n nuwe verhouding, ons val blindelings in 'n verhouding vas as gevolg van ons emosies sonder om al die veranderlikes van die persoon wat ons in ons lewens toelaat, te oorweeg. Op die ou end word ons emosioneel getraumatiseerd, en ons geestelike toestande word gebombardeer en versleg omdat ons nooit die persoon deeglik ondersoek het nie. Ons maak eenvoudig ons harte oop.

Ons neem blindelings besluite vanuit 'n emosionele standpunt, en dan is die nasleep plofbaar, ons verontagsaam ons geestelike toestande as gevolg van ons emosionele besluite.

Om 'n nuwe werk aan te neem vir die ekstra inkomste sonder om die impak wat hierdie maatskappy op jou geestesgesondheid sal hê in ag te neem, 'n spoggerige nuwe motor te koop omdat dit 'n emosionele euforie aanwakker, maar nie in ag neem die geestelike spanning wat die maandelikse betalings sal veroorsaak nie, en oorverbruik ongesond behandel omdat dit emosionele euforie 'n hupstoot gee in plaas daarvan om ons geestelike welstand in ag te neem.

Hierdie is net 'n paar voorbeelde van wat ons aan ons geestesgesondheid doen wanneer ons emosionele besluite neem.

Neem 'n oomblik en kyk terug op sommige van die oomblikke wat jou geestesgesondheid die meeste geraak het, was die negatiewe gevolge van jou besluite as gevolg van emosionele besluite? Of het jy gesit en werklik dink aan die gevolge wat hierdie aksie op die geestestoestand sou hê.

Elke besluit wat ons daagliks neem het een of ander vorm van gevolg, dit kan positief of negatief wees, dit kan vandag of volgende jaar wees, op die ou end sal die gevolg van ons besluite kom.

Wees net seker dat die besluit wat jy op die oomblik geneem het, die beste is vir jou geestestoestand.

Om ons verstand en liggame te verstaan

Daaglikse doelwit – Leer jou verstand en liggaam ken.

Tydens my studies van die gees en liggaam, het ek geleer dat hoe meer ek verstaan het hoe my liggaam en gees werk en werk, hoe meer kan ek genees en beheer wat fisies en geestelik met my gebeur.

Hoe meer ek verstaan het, hoe meer weet ek wat om te doen en wat om te vermy wanneer ek sekere dinge in my daaglikse lewe doen. Deur die biologie agter die verstand te verstaan, kan ons beheer wat ons toelaat om ons geestestoestande te beïnvloed.

Neem byvoorbeeld ons persepsie, het jy geweet dat ons persepsie van iets die manier waarop ons sintuie iets waarneem, beïnvloed?

Byvoorbeeld, twee individue van twee verskillende kulture kan dieselfde skildery sien, maar dit anders waarneem. Dit is as gevolg van die kulturele en sosiale invloede waaraan elke individu blootgestel is.

Dieselfde geld vir ons liggaam, ons persepsie van die wêreld om ons beïnvloed die manier waarop ons liggaam op sensoriese insette reageer. Dit is hoekom baie mense verskillende persepsies van 'n situasie of gebeurtenis kan hê, en hul geestelike toestand kan heeltemal verskil van 'n ander persoon se geestestoestand.

Dit is hoekom ons altyd bewus moet wees van wat ons waarneem en of dit akkuraat is of nie, en of ons beïnvloed word deur iets wat nie die werklikheid verteenwoordig nie. Ons moet altyd probeer verstaan wat ons geestelik, fisies en geestelik beïnvloed om 'n gesonde balans in ons daaglikse lewens te handhaaf.

Om jou verstand te verstaan is noodsaaklik om 'n gesonde geestestoestand te handhaaf. Dit is belangrik om jou eie gedagtes en gevoelens te verstaan sodat jy dit beter kan beheer in plaas daarvan om hulle jou te laat beheer.

Ons het almal gedagtes wat daagliks in ons gedagtes opkom, het jy geweet dat sommige van daardie gedagtes negatief is? Het jy geweet dat sommige negatiewe gedagtes die meeste van die dag by ons bly?

Hoe meer ons hulle by ons laat bly, hoe meer groei hulle op ons totdat hulle groter word as wat hulle werklik is, wat sal lei tot 'n slegte bui of erger, depressie!

Deur te verstaan hoe die gees en liggaam werk, verdubbel ons ons kanse op genesing, ek sou nie my geestelike onstabiliteite oorkom het as dit nie was vir die kennis wat ek opgehoop het nie en dat ek geleer het hoe om die impulse wat my verstand gehad het te beheer.

As ons nie in beheer van ons verstand en liggame is nie, sal ons nooit die gevegte wat in ons gedagtes woed, oorkom nie.

Onthou die einddoel van ons geestelike gevegte moet wees om te oorkom en nie deur ons gedagtes verslaan of gelieg te word nie.

Die kwaliteit van slaap en geestesgesondheid

Daaglikse doelwit – Fokus op die slaappatroon.

Gedurende die donkerder oomblikke van my lewe, waar ek die meeste met my geestesgesondheid gesukkel het, was my slaappatroon 'n gemors.

Ek onthou dat ek dae aaneen sonder slaap gegaan het, gevolg deur dae aaneen van aanhoudend slaap. Dit is geen manier om te lewe nie.

'n Goeie slaappatroon is iets wat ons almal nodig het; dit is noodsaaklik vir ons geestesgesondheid en iets waarmee so baie van ons sukkel.

Ek gaan nie sê dit sal maklik wees nie, maar ek sal jou 'n paar gereedskap gee wat jy kan gebruik om jou te help om jou gebrek aan slaap te oorkom en jou slaappatroon te verbeter.

Maak eerstens seker dat jy genoeg fisiese aktiwiteit kry. As jy 'n persoon is wat uitwerk, dan wonderlik, indien nie, begin dan meer stap en probeer om ten minste 5 dae per week 'n vorm van fisieke aktiwiteit te kry. Oefening het baie voordele, insluitend om ons te help om beter te slaap.

Moenie alkohol drink voor jy gaan slaap nie, dit kan jou help om aan die slaap te raak, maar dit sal niks doen vir die kwaliteit van jou slaap nie. Alkohol onderdruk ook REM-slaap wat belangrik is vir leer en geheueberging in ons brein (REM staan vir Rapid Eye Movement).

Ek het ook gevind dat wanneer ek alkohol gedrink het voor slaaptyd, ek die volgende oggend met 'n massiewe hoofpyn wakker geword het, dit kan wees as gevolg van dehidrasie of omdat ek die vorige aand te veel gedrink het, maar alkohol het my glad nie gehelp om beter te slaap nie!

Hou op om kafeïen te drink na die middag (kafeïen kan tot 10 uur in jou stelsel bly!). Kafeïen verhoog ons hartklop en maak ons meer waaksaam, wat ons dus keer om slaperig te voel wanneer ons gereed moet wees om te slaap (dit sluit tee, koffie en energiedrankies in).

Probeer om suikervry te gaan! Suiker is nog 'n vyand wat die gevoelens van angs en depressie wat uiteindelik tot my dood lei, versnel het.

Vandag sukkel ek nog af en toe met my geestesgesondheid, wanneer ek 'n duik in my emosies teëkom, is my slaappatroon gewoonlik die eerste teken. Ek het geleer om hierdie situasies en die nasleep van jare van 'n innerlike oorlog te hanteer.

Wanneer ek sukkel om te slaap, lê ek nie vir 'n paar uur wakker nie, ek lê nagte aaneen wakker, en dit word my vernietiging, aangesien my hele wese op die punt staan om alle hoop in die lewe op te gee.

Afstand negatiewe individue

Daaglikse doelwit – Verstaan die doel agter negatiewe emosies.

Ons moet mekaar sekerlik bystaan om deur moeilikhede te groei en die onstuimigheid van geestelike stryd te bedwing, maar wat moet ons doen as ons nie sterk genoeg is om onsself deur moeilike oomblikke te dra nie, en steeds soek iemand ons sterkpunte om hulle deur hul probleme te help?

Uit my persoonlike ervarings het ek geleer dat dit in moeilike tye die beste is om onsself van negatiewe mense te distansieer, aangesien ons onsself dwing om met 'n negatiewe individu te assosieer net ekstra spanning op ons reeds brose gedagtes plaas.

Dit is nie 'n kwessie van selfsugtig wees nie, dit is net dat ons in moeilike tye positief en sterk moet bly terwyl ons deur die stryd binne gaan, as ons toelaat dat negatiwiteit van buite bronne ons gedagtes binnedring, sal dit ons net verder verswak. Ons moet onsself beskerm teen ander seerkry en onsself ook beskerm om ander seer te maak.

In oomblikke wanneer ek in 'n toestand van depressie gly, voel ek of my hele wêreld uitmekaar val en dat ek nie meer as 'n normale mens kan funksioneer nie.

Gedurende hierdie oomblikke begin ek myself blameer vir al my probleme, ek kyk terug na ou herinneringe wat probeer uitvind wat in my lewe verkeerd gegaan het, wat my op hierdie pad na vernietiging gelei het.

Ek wens daar was 'n maklike manier om te sê hoe jy negatiewe emosies soos hierdie moet hanteer, maar daar is nie een nie, almal hanteer dit anders, en elkeen het hul eie manier om dit te hanteer, maar wat vir my werk is verstaan hoekom hulle in die eerste plek voorkom.

Dit is natuurlik om negatiewe emosies te ervaar, want dit help ons om meer te leer oor wie ons is en watter rigting ons wil hê ons lewens moet neem, maar wanneer ons nie hul oorsprong verstaan of hoe dit ons beïnvloed nie, dan kan dit vernietigende kragte in ons lewens wat lei tot vernietiging of onstabiliteit op reeds onstabiele terrein.

Ons kan nie hierdie emosies hanteer en terselfdertyd met ander eksterne emosies veg nie.

Ek sê nie dat iemand die hele wêreld moet gaan afskryf en in 'n donker kamer moet sit nie, die lewe moet normaal voortgaan, maar sonder die negatiewe invloed wat met sommige individue geassosieer word.

Deur dit te doen gee jy jouself tyd om ten volle te genees en jouself aan te vul voordat jy 'n eksterne negatiewe invloed aanneem.

Musiek en geestesgesondheid

Daaglikse doelwit - Vind vrede binne die ritme.

Musiek! My geneser!

> *"Ek reken dat daar geen ander krag is wat sterk*
> *genoeg is om 'n hart te kalmeer as 'n melodie wat*
> *die rande van ons binneste emosionele hoeke raak*
> *nie".*

Vernon JB Pohl

Musiek was, is en sal altyd my vreugdevolle plek wees. Ek glo dit is die geval vir die meeste mense, veral emosionele mense, aangesien musiek die hart kalmeer as enige ander vorm van terapie.

Ek is mal oor klassieke musiek, wanneer ek op 'n emosioneel sensitiewe oomblik is, sal ek natuurlik 'n instrumentale liedjie speel, en dadelik sal my bui outomaties toeneem, "eufories" sou ek sê.

Sedert antieke tye is daar besef dat musiek terapeutiese eienskappe het. Plato het gemeen dat wanneer musiek in verskillende modusse gespeel word, hierdie verskillende modusse verskillende emosies sou wek, soos majeur-akkoorde wat as vrolik beskou word en mineur-akkoorde minder vrolik.

Kom ons bespreek sommige van die studies oor die verband tussen musiek en emosies.

Een studie het bevind dat agtergrondmusiek ons kognitiewe prestasie kan verbeter, hierdie navorsing dui daarop dat die speel van instrumentele musiek terwyl besig is met take produktiwiteit en prestasie kan verbeter. Onthou dit die volgende keer as jy jouself in 'n stresvolle situasie bevind.

Lyk my musiek raak nie net die verstand en hart nie; dit dring diep in die onderbewussyn deur.

Nog 'n studie dui daarop dat musiek die frekwensie van beslagleggings kan verminder, die refraktêre status kan stop en die frekwensie van elektro-enfalografiese piek kan verminder by kinders met epilepsie in wakker en slaapstatus. Ek vind dit verstommend hoe musiek die verstand beïnvloed, uit persoonlike ervaring weet ek dat musiek 'n geweldige bate is wanneer ek in 'n volskaalse paniekaanval is.

Ek gaan nog een studie noem wat gedoen is oor die verband tussen musiek en emosie, daar is verskeie studies aanlyn as jy verder wil gaan navorsing doen. Hierdie onderwerp het so 'n groot hoeveelheid navorsing dat ek nie die boek wil oorlaai en my lesers wil uitput nie.

Hierdie studie het bevind mense met geheueafwykings soos Alzheimer se siekte reageer makliker op musiekterapie. Hierdie studie dui daarop dat spore van neuronale geheue wat deur musiek gebou word, diep ingeburger is en meer bestand is teen neurodegeneratiewe invloede.

Net nog 'n rede om verstom te wees oor die krag van musiek.

Ek is mal oor musiek, ek is 'n groot musiekaanhanger, ek luister na alle soorte musiek, en dit was nog altyd 'n deel van my.
Musiek is 'n noodsaaklike deel van my lewe en ek kan my nie my lewe daarsonder voorstel nie.

As jy neerslagtig of depressief voel, sit dan jou gunsteling liedjie aan en laat die musiek net vir 'n oomblik oorneem. Musiek kan vir baie verskillende dinge gebruik word maar dit het een onderliggende funksie; om die wêreld eufories te maak.

Wees 'n visioenêr, inspireer diegene wat inspirasie nodig het. Elkeen van ons het 'n ligte vlam binne, ons hoef net die vonk te ontketen en te ontwikkel.

Vernon JB Pohl

'n Kort gedig

Ek was in 'n donker plek toe ek dit geskryf het, ek het probeer om die lig aan die einde van die tonnel te vind, maar dit het gelyk of dit myle ver was. Ek wou tou opgooi en net laat gaan, maar iets binne my het heeltyd vir my gesê om aan te gaan, dat daar iewers 'n lig daar buite is.

Hierdie gedig handel weer oor daardie reis en die verlange na die dood. Jy kan nie die lig sien as jy nie glo dat dit daar is nie, so soms moet jy jou instinkte vertrou en aanhou vorentoe beur totdat jy uiteindelik daardie lig bereik.

Wat daarna gaan gebeur, ons sal maar moet wag en sien...

Ek is nie seker of hierdie gedig by enigiemand anders sal aanklank vind nie, maar die skryf daarvan het my beter laat voel oor myself aangesien ek elke dag stadigaan 'n beter mens word.

...

Touch of death.

Call upon death and he would answer swiftly;

For in death thy answer would not be merciful.

Once caressed by death;

Existence would cease to possess meaning;

Affection becomes a foreign recollection;

Euphoria departs;

disregarded as narratives once admired.

*The yearning for a touch by death once more
appears to be the ultimate purpose.*

Oh, how I yearn for the touch of death to call upon me once more,

for the longing disrupts a life I have not pleaded for.

I have been compelled to inhabit this existence,

*forced to wander among those abiding a lie and wandering blindly
through an infinite labyrinth formulated to annihilate.*

Be not dazed by your ambition for prestige or fortune human,

*for your existence is an endless vacuity taught by the very monster's
guise as angels sent to alleviate.*

I wish not to live this fable executed by mere mortals.

My sights have been freed by a touch of death,

for pain and misery are not all endowed by death,

*tangibility he yearns to bestow to those inclined to heed and give
notice to.*

Day in and day out I walk this drenched dirt,

misplaced in notions rarely recognized by most,

persuades to cease this life not wished for from onset.

Words on paper are all my thoughts become,

phrases lost in translation, utterances from emotions shattered by a world encouraging destruction among its innocence.

Insanity fuelling the ink to my manuscript...

Has the phrase 'Second-hand suicide' ever grasped its presence among the abyss of emotions scampering through your being?

Not wishing to commit suicide or not able to, yet the whole being cries out for some external force to end the misery?

this life enforces on a soul not preferring to be alive!

The actuality of this life may be too chilling for most to interpret, this is the justification most humans occupy a life overwhelmed by dread of the enigma.

Lunacy engulfs those touched by death and its pedagogy.

Mumblings of a shattered man were dismissed as words emitted by a madman.

Ye suspect me a gull;

a senile being;

yet the phrases uttered through lunacy be more sincere than those immersed in honey and favor.

Call upon my title once more ye fiend,

for thy record be not exact.

I recognize not why thee attended my bedside,

yet in the climax vacated without thy trophy,

fled without leaving a purpose to thy detrimental doings.

Geskiedenis van geestesongesteldheid

In die verlede is ongewone gedrag of gedrag wat verskil van die sosiokulture en verwagtinge van 'n spesifieke kultuur gebruik om sekere individue of groepe stil te maak of te beheer.

Vir die grootste deel van die geskiedenis is geestesongesteldhede baie swak behandel, daar is geglo dat geestesongesteldheid veroorsaak is deur demoniese besetenheid, heksery of woedende gode.

Daar was ernstige vorme van behandeling om die geeste vry te laat, die mees algemene metode was Eksorsisme.

Nog 'n vorm van behandeling vir uiterste gevalle van geestesongesteldheid was "trephining". 'n Klein gaatjie is in die aangetaste individu se skedel gemaak om die gees uit die liggaam vry te laat, die meeste mense wat op hierdie manier behandel is, het gesterf.

Ander praktyke het teregstellings of tronkstraf vir sielkundige versteurings ingesluit.

Regdeur die klassieke oudheid sien ons 'n terugkeer van bonatuurlike teorieë, demoniese besetenheid en goddelike misnoeë om abnormale gedrag te verantwoord. Hebreërs het waansin as straf van God gesien, behandeling het bestaan uit sondebelydenis en bekering.

Deur die geskiedenis heen was daar drie algemene teorieë oor die etiologie van geestesongesteldheid.

1. Somatogeen
2. Psigogenies
3. Bonatuurlik

Bonatuurlike teorieë skryf geestesongesteldheid toe aan besit deur bose of demoniese geeste, die misnoeë van gode, verduisterings, planetêre gravitasie, vloeke en sonde.

Somatogene teorieë identifiseer versteurings in fisiese funksionering as gevolg van óf siekte, genetiese oorerwing, breinskade of wanbalans.

Psigogeniese teorieë fokus op traumatiese of stresvolle ervarings, wanaangepaste aangeleerde assosiasies, kognisies of verwronge persepsies.

Antieke tye

In die Persiese Ryk van 550 tot 330 vC is alle fisiese en geestelike versteurings as die werk van die duiwel beskou.

Trephining is gebruik as 'n chirurgiese uitvinding waarin 'n gat in die menslike skedel geboor of geskraap word.

In antieke Mesopotamië is geglo dat siektes en geestesiektes deur spesifieke gode veroorsaak word.

Egipte het beperkte notas in 'n antieke Egiptiese dokument bekend as die Ebers papirus, dit blyk die geaffekteerde toestande van konsentrasie, aandag en emosionele nood in die hart en verstand te beskryf. Sommige hiervan is later geïnterpreteer en herdoop tot histerie en melancholie.

Somatiese behandelings het die toediening van liggaamsvloeistowwe ingesluit terwyl towerspreuke opgesê word.

Mesopotamiese en Egiptiese papiri van 1900 vC beskryf vroue wat aan geestesongesteldheid ly as gevolg van dwalende baarmoeder (wat later deur die Grieke Hysteria genoem is). Die baarmoeder kan uitmekaar raak en aan dele van die liggaamsdele, die lewer of borsholte heg. Gevolglik het die Egiptenare en later die Grieke ook 'n somatogene behandeling van sterk-ruikende stowwe gebruik om die baarmoeder terug te lei.

Indië, antieke Hindoe-geskrifte, Ramayana en Mahabharata bevat fiktiewe beskrywings van depressie en angs, geestesversteurings wat algemeen gedink word om abstrakte metafisiese entiteite te weerspieël, bonatuurlike agente, towery en heksery.

Die Charaka Samhita van ongeveer 600 vC, wat deel is van die Hindoe Ayurveda, het swak gesondheid gesien as gevolg van 'n wanbalans tussen die drie vloeistowwe of kragte wat Tri-Dosha genoem word.

Behandelings het die gebruik van kruie en salf, sjarme en gebede en morele emosionele oortuiging ingesluit.

China, die vroegste bekende rekord van geestesongesteldheid in antieke China, dateer terug na 1100 vC.

Geestesversteurings is hoofsaaklik behandel met tradisionele Chinese medisyne met behulp van kruie, akupunktuur of emosionele terapie. Antieke Sjinese het geglo dat Demoniese besit 'n rol gespeel het in geestesongesteldheid gedurende hierdie tyd.

Volgens Chinese denke het vyf stadiums of elemente die toestand van wanbalans tussen yin en yang in die gedrang gebring, geestesongesteldheid volgens die Chinese perspektief, word beskou as 'n wanbalans van die yin en yang omdat optimale gesondheid spruit uit wanbalans met die natuur.

In antieke Griekeland en Rome is waansin stereotipies geassosieer met doellose omswerwing en geweld. Sokrates het egter positiewe aspekte oorweeg, insluitend profesieë, mistieke inisiasies en rituele, poëtiese inspirasie en die waansin van minnaars.

(470CA - 360BC) geklassifiseerde geestesversteurings, insluitend paranoia, epileptiese, manie en melancholie.

Asclepiades (CA124 - 40bc) het menslike behandelings voorgestaan, kranksinnige persone laat bevry van opsluiting en hulle met natuurlike terapie behandel.

Araneus (CA AD 30 - 90) het aangevoer dat dit moeilik is om vas te stel waar geestesongesteldheid vandaan kom.

Die Romeinse ensiklopeed Celsus het voorgestel dat mense hul eie siel se filosofie en persoonlike krag moet genees. Hy het algemene praktyke van dieetkunde, bloedlating, dwelms, die neem van terapie, inkubasie, eksorsisme, beswerings en amulette, selfbeheersing en marteling, verhongering, en steniging en slaan beskryf.

Griekse dokters het bonatuurlike uitbreidings van geestesversteurings verwerp.

Omstreeks 400 vC het Hippokrates (460-370 vC) gepoog om bygeloof en godsdiens van medisyne te skei deur die oortuiging te sistematiseer dat 'n tekort aan of veral deur een van vier noodsaaklike liggaamsvloeistowwe, I.E. bloed, geel gal, swart gal en slym was verantwoordelik vir fisiese en geestelike siektes. Byvoorbeeld, as iemand te temperamenteel was, het hulle aan te veel bloed gely en dus sou bloedvloeiing nodig wees.

Hippokrates het geestesongesteldheid in vier kategorieë geklassifiseer, epilepsie, manie, melancholie en breinkoors. Hy het nie geglo dat geestesongesteldheid skandelik is en dat die geestesongesteldheid verantwoordelik gehou moet word vir hul gedrag nie.

Humorisme het tot in die 19de eeu 'n herhalende somatogene teorie gebly. Baie van Hippokrates se teorieë is vandag nie meer in die praktyk nie. Maar sy "Hippokrates-eed" waarby alle dokters moet sweer voordat hulle by die beroep aansluit, "die belofte om nooit 'n pasiënt te benadeel nie).

Die Griekse geneesheer Galenus (AD 130 – 201) het die idee van 'n baarmoeder met 'n amnestiese siel verwerp, hy het saamgestem met die idee van 'n wanbalans van vier liggaamsvloeistowwe wat geestesongesteldheid kan veroorsaak.

Trephining 'n Voorbeeld van hoe die vroeëre bonatuurlike verklaring van geestesongesteldheid. Prehistoriese en grotkuns so vroeg as 6500vC het chirurgiese boor van gate in die skedel geïdentifiseer om kopbeserings, epilepsie te behandel, en sowel as die vrylating van bose geeste wat in die liggaam vasgevang is.
Israel en die Hebreeuse diaspora.

Gedeeltes van die Hebreeuse Bybel/ou testament is geïnterpreteer om gemoedsversteurings in figure soos Job, koning Saul en die psalms van Dawid te beskryf. In die boek van Dawid word koning Nebukadnesar beskryf as 'n tydelike wese wat sy gesonde verstand verloor.

Geestesversteurings was nie 'n probleem soos enige ander nie, veroorsaak deur een van die gode maar eerder veroorsaak deur probleme in die verhouding tussen die individu en God.

Hulle het geglo dat abnormale gedrag die gevolg was van besittings wat toorn en straf van God verteenwoordig. Die straf is gesien as 'n onttrekking van God se beskerming en die oorgawe van die individu aan bose magte.

Middeleeue

Midde-Ooste

Persiese en Arabiese geleerdes was baie betrokke by die vertaling, ontleding en sintetisering van Griekse teks en konsepte. Soos die Moslemwêreld uitgebrei het, is Griekse konsepte geïntegreer met godsdienstige gedagtes en mettertyd is nuwe idees en konsepte ontwikkel.

Sommige het gedink geestesversteurings kan veroorsaak word deur 'n Djinn (Genie), wat goed of demoonagtig kan wees. Daar was soms slae om die Djinn uit te dryf.

Die eerste Bimaristan is in die 9de eeu in Bagdad gestig, en verskeie ander met toenemende kompleksiteit is in die volgende eeue regdeur die Arabiese wêreld geskep. Sommige van hulle het sale bevat wat toegewy was aan die versorging van geestesversteurde pasiënte, die meeste het aan aftakelende siektes gely of geweld getoon.

In die komende eeue het die Moslem-wêreld uiteindelik gedien as 'n kritiese wegstasie van kennis vir die renaissance-Europa, deur die Latynse vertalings van baie wetenskaplike tekste. In 1377 is kranksinniges van kliphuise na Bethlem, een van die eerste psigiatriese institute, verskuif..

Europa

Die konsepsie van Waansin in Europa gedurende hierdie tyd was 'n mengsel van die goddelike, diaboliese, magiese en transendentale.

Arnaldus de Villanova (1235 – 1313) het "bose gees" en Galen-georiënteerde "vier humors"-teorieë gekombineer en trephining bevorder om demone en oortollige humors te laat ontsnap. Ander liggaamsmiddels wat algemeen gebruik word, sluit suiwerings, bloedvloeiing en sweep in.

Ekonomiese politieke onrus het die mag van die Rooms-Katolieke kerk bedreig. Tussen die 11de tot 15de eeue het bonatuurlike teorieë van geestesversteurings weer Europa oorheers. Duiwel, bygeloof, astrologie en alchemie het posgevat.

Christelike teologie het verskeie terapieë onderskryf, insluitend vas en gebede vir diegene wat van God vervreem is en eksorcisme van diegene wat deur die duiwel beset is. Daar is dikwels gedink dat geestesversteurings aan sonde te wyte is. Die versorging van die geestesongesteldhede was hoofsaaklik die verantwoordelikheid van die gesin.

In Engeland, as die familie nie kon of wou nie, is 'n beoordeling gemaak deur die verteenwoordigers van die kroon in oorleg met die plaaslike jurie en al die belanghebbende partye, insluitend die partye self.

Vanaf die 13de eeu het geestesongesteldhede, veral vroue, vervolg word as hekse wat besete was. Op die hoogtepunt van die 15de eeu tot 17de eeue, met protestantse hervorming wat Europa in godsdienstwis gedompel het, het twee Dominikaanse monnike die maleficarum (1486) geskryf as die gids vir heksejagte.

'n Algemene oortuiging was dat hierdie mense ooreenkomste met die duiwel gesluit het en verskriklike dade pleeg, soos om babas te eet. Hierdie mense is as hekse beskou en is deur die howe verhoor en veroordeel, hulle is dikwels op die brandstapel verbrand, gemartel en ledemate verwyder.

John Weyer en Reginald Scot het mense in die middel tot laat 16de eeu probeer oortuig dat die beskuldigde hekse eintlik vroue met geestesiektes is. Die kerklike inkwisisie het hulle skryfwerk verbied.

Middel wat lei tot moderne eeue

Moderne behandelings van geestesongesteldheid word die meeste geassosieer met die stigting van hospitale en asiele wat in die 16de eeu begin het. Sulke instellings moes geestesongesteldhede, armes, haweloses, werkloses en misdadigers huisves en inperk. Dit het in die 16de tot 17de eeu begin huisvesting. Wette om die publiek teen geestesongesteldhede te beskerm, is ingestel. Die meeste gevangenes is teen hul wil geïnstitusionaliseer, in vuilheid geleef en aan mure vasgeketting.

Europa en Amerikas
16de tot 18de eeue.

Sommige geestelik versteurde mense was dalk slagoffers van die heksejagte wat in golwe in die vroeë moderne Europa versprei het. Sommige regters het egter begin om toelating tot plaaslike werkhuise, armhuise en tronke te verhoog. Beperkings en dwangbeperkings is gebruik vir diegene wat gedink het gevaarlik versteurd is, of potensieel gewelddadig teenoor hulself of eiendom was. Teen die middel van die 19de eeu sou daar 100 tot 500 gevangenes in elke ontwikkeling van die malhuise wees.

Aanbreek van die asiele

"Jeffrey A. Lieberman krimp; die onvertelde verhaal van psigiatrie. "Die geestesongesteldhede is beskou as sosiale afwykers of morele ongepaste mense wat goddelike straf gely het vir een of ander onverskoonbare oortreding."

Vroeë Amerikaanse ervarings met geestesongesteldheid. Individue wat fisiologiese siekte gehad het, is in inrigtings geplaas wat soos korrektiewe fasiliteite was, sodra hulle binne hierdie fasiliteite was, is individue nie die kans gegun om te vertrek nie, ongeag die bedrag wat hulle moes doen.

Hierdie fasiliteite het verskriklike prosedurele beginsels gehad wat individue met siekte toegelaat het om op 'n onuitspreeklike brutale manier behandel te word.

Hidroterapie

Hidroterapie het geblyk 'n gewilde tegniek te wees vir warm, of meer algemene koue water. Mense is óf vir ure op 'n slag in 'n bad gedompel óf in storte met skokkende koue water gespuit. Na bewering het dit beroering verminder.

Meganiese beperkings

Asiele het baie op beperkings staatgemaak, met dwangbaadjies, manakels, onderbaadjies en leerarmbande. Soms vir dae aaneen.

Skokterapieë

Insulien-skokterapie is gedoen deur hoë vlakke van insulien in die pasiënte in te spuit om kronkelings en 'n koma te veroorsaak.

Na 'n paar uur sou die lewende dooies uit die koma herleef word en gedink word dat hulle genees is van hul waansin.

Metrazol skokterapie

Laszlo Van Meduna, 'n Hongaarse geneesheer, het ontdek dat die middel metrazol aanvalle-agtige stuiptrekkings in die brein kan veroorsaak.

"In 1939 het 'n x-straalstudie by die New York-staat psigiatriese instituut bevind dat 43% van die pasiënte wat metrazol-stuipeterapie verduur het frakture in hul werwels ervaar het.."

Elektrokonvulsiewe skokterapie

Een van die mees berugte behandelings vir geestesongesteldheid. 'n Soort nie-konvulsiewe elektriese skokterapie.

Hierdie terapie kan so vroeg as die eerste eeu nC volgens De Young teruggevoer word. "Die malaise en hoofpyne van die Romeinse keiser Claudius is behandel deur die aanwending van 'n torpedovis – beter bekend as 'n elektriese straal, op sy voorkop."

Newe-effekte het geheueverlies sowel as 'n toename in selfmoordneigings ingesluit.

Lobotomieë

Pasiënte is eers in 'n koma geskok. Die chirurg het 'n instrument soortgelyk aan 'n yspik deur die bokant van die oogkas gehamer en die senuwees wat die frontale lobbe verbind met die emosiebeherende sentrums van die binnebrein afgesny.

In die laat 1700's het 'n Franse geneesheer, Philippe Pinel, gepleit vir meer menslike behandeling van geestesongesteldhede. Hy het voorgestel dat hulle losgeketting word en met hulle gepraat word.

Gedurende die 18de-19de eeu het betogings ontstaan oor die omstandighede waaronder geestesongesteldhede geleef het. Ons het die groei van meer humanitêre sienings van geestesongesteldhede gesien.

In Italië het Vincenzo Chiarughi (1759-1820) die kettings van pasiënte in sy St. Bonifatius-hospitaal verwyder.

In Frankryk het Philippe Pinel (1745-1826) en voormalige pasiënt Jaen-Baptise Pussin 'n "behandelingsmoraal" geskep by La Bicêtre en Salpétiere in 1793 en 1795. Dit het ingesluit die ontknoping van pasiënte en die verskuiwing van hulle na goed beligte, goed belugde kamers.

In Engeland het William Tuke (1732-1822) die Yorkshire-vereniging van (Quakers) aangemoedig om die York-retraite in 1796 te stig, waar pasiënte gaste was en nie gevangenes nie.

Terwyl Amerika asiele vir geestesongesteldhede gehad het, soos die Pennsilvanië-hospitaal Est 1756, het die somatogene teorie wat veral deur die vader van die Amerikaanse psigiatrie Benjamin Rush (1745-1813) bevorder is, gelei tot behandeling soos bloedvloeiing, gyrators en kalmeerstoele.

Psigogeniese behandeling soos fisiese arbeid het die kenmerk geword van die nuwe Amerikaanse asiele, soos vriende asiel in Frankford Pennsylvania Est 1817.

James Braid (1795-1860 het sy geloof in mesmerisme verskuif na een in hipnose, en hiermee 'n psigogeniese verwydering van simptome voorgestel.
Beperkings, Elektro-konvulsiewe skokterapie en lobotomieë is tot in die 1970's steeds in Amerikaanse staatsinstellings gebruik.

Tot in die 1970's is homoseksualiteit as 'n sielkundige versteuring ingesluit.

Teen die 19de eeu is talle verskillende klassifikasieskemas en diagnostiek deur verskillende owerhede ontwikkel, die term "psigiatrie" is as die mediese term geskep en het meer akademies gevestig geraak. Teen die 1870's in Noord-Amerika het amptenare wat asiele bestuur het, hul kranksinnige asiele hernoem. Teen die laat eeu het die term "asiel" sy oorspronklike betekenis verloor as 'n plek van toevlug, toevlug of veiligheid, en is geassosieer met misbruik wat wyd in die media gepubliseer is.

Gedurende die 1840's het Dorothy Dix begin om die geskiedenis van geestesongesteldheid en toestande in konvensionele emosionele welstandgrondslae te ondersoek. Daar word voorgestel dat Dix haar eie sielkundige wanaanpassing gehad het, en sy was dienooreenkomstig meer oop vir die penarie van die bose.

Dix het jare se ontmoetings met spesialiste en pasiënte deurgemaak, en haar uitkoms was skrikwekkend. In 'n stuk oor die geskiedenis van geestesongesteldheid het sy in kontak gehou met die algehele samekoms van Noord-Carolina, sy het gevalle opgespoor waarin die intellektueel siekes aan hul beddens vasgemaak is, in vuil omstandighede gehou en verbasend man hanteer is. Sy het in haar verslag gesê,

"Ek gee toe dat openbare harmonie en veiligheid werklik in gevaar gestel word deur die nie-beperkings van die versteurde gek. Ek beskou dit op die mees uitgebreide vlak as ondeurdag dat hulle toegelaat moet word om na dorpe en landerye rigting te gaan; tog legitimeer dit nie mense in die algemeen in enige staat of die plaaslike area, onder enige voorwaarde, om die gek aan die penitentiêre gevangenis te onderwerp nie."

Teen die 20ste eeu het ons die ontwikkeling van psigoanalise gesien, wat later na vore gekom het. Kraepelin se klassifikasie het gewild geword, insluitend die skeiding van gemoedsversteurings van wat later skisofrenie genoem sou word.

Asielsuperintendente het probeer om die beeld en mediese status van hul beroep te verbeter. Daar is toenemend na asielgevangenes verwys as pasiënte en asiele is hernoem na hospitale.

Die Verenigde State se "geesteshigiëne"-beweging, wat oorspronklik in die 19de eeu gedefinieer is, het momentum gekry en was daarop gemik om "siektes van die waansin te voorkom".

In Nazi-Duitsland was die geïnstitusionaliseerde geestesongesteldhede van die vroegste teikens van sterilisasieveldtogte en omskakelings-"genooddood"-programme. Daar is beraam dat meer as 200 000 individue met geestesversteurings van alle soorte doodgemaak is.

In ander gebiede van die wêreld is befondsing dikwels vir asiele gesny, veral gedurende periodes van ekonomiese agteruitgang en tydens oorlogstyd. Ontelbare gevangenes het aan hongersnood gesterf.

Tussen 1917 en 1970 het Psigiaters kliënte met 'n wyer reeks probleme gekweek. Die aantal buite-inrigtings wat praktiseer het van 8% tot 66% gestyg.

Die term stres, wat in die 1930's uit endokrinologiewerk ontstaan het, is gewild gemaak met 'n toename wat verband hou met geestesversteurings. (Buitenpasiëntverbintenis) wette is geleidelik in sommige lande uitgebrei of ingestel.

Medikasie

Gedurende die 1940's en 1950's het wetenskaplikes verskillende maniere begin ondersoek rakende verskeie poeiers en pille wat die ongemaklike aard van die gees kon stilmaak en opregte hulp kon oordra aan individue wat wanfunksionele gedrag gehad het. In plaas daarvan om hulle aan hul beddens vas te bind, of inligting oor hul probleme te kry, het hierdie wetenskaplike kundiges verwag om 'n tipe samestellingsbeperking te gebruik.

1949 – Litium, bekendgestel deur die Australiese fisiater J. Cade
1950 – 52. – Chloorpromasien is in Frankryk ontdek.
1960 – Valium
1987 - Prozac

Die meeste mense wat in vandag se tyd aan geestesongesteldheid ly, word nie gehospitaliseer nie. As iemand depressief voel, kla dat hy stemme hoor of heeltyd angstig voel, kan hulle sielkundige hulp soek. 'n Vriend, gade of ouer kan iemand vir behandeling verwys. Die individu kan eers 'n dokter gaan sien en dan na 'n geestesgesondheidspraktisyn verwys word.

Om behandelingsbronne te vind is ook nie altyd maklik nie, daar kan beperkte opsies wees, veral in landelike gebiede, waglyste, swak gehalte van sorg beskikbaar en finansiële struikelblokke.

Deel 2
Lewe

Inleiding

Gedurende die fases van ons lewens let ons selde op die geringe besluite wat ons neem, hoe hierdie besluite ons lewens beïnvloed, en hoe daardie klein oordele ons toekoms en die mense naby ons beïnvloed.

Het jy al ooit onbewustelike besluite geneem en die besluite feitlik onmiddellik betreur? Ek neem aan ons het almal.

Deur die jare het ek gelees en geluister na individue wat verklaar, "die lewe is wat ons daarvan maak," ek stem heeltemal nie saam met hierdie stelling nie as gevolg van wat ek vroeër genoem het. Ons neem die hele tyd lewelose besluite. Of hierdie besluite voorbeeldig of immoreel is, dit beïnvloed voortdurend ons daaglikse lewe.

Ek erken dat om optimisties te wees en dat positiwiteit ons help om meer redelik waar te neem, alhoewel die dilemma wat ek met hierdie stelling koester, jy nie geluk op jouself kan afdwing nie.

Om 'n emosie te stoot is parallel met die bewapening van 'n tikkende tydbom, en hierdie bom stuur ongetwyfeld op 'n ramp af. Ek het weer met myself verbind, nie deur meer bevredigende werk of 'n buitensporige voertuig te kry nie, nie deur te bereik wat die wêreld van my verwag het nie. My tikkende tydbom het afgevuur.

Al die oordele wat ek in my lewe gemaak het, die kere wat ek probeer het om te bereik wat die wêreld van my verwag het, terwyl ek probeer het om mense te beïndruk met tydelike besittings wat ons aanneem geluk sou konstrueer, en stowwe misbruik om ons in staat te stel om alles rakende die verdrukking van die lewe te vergeet.

Ons oorwerk onsself om nie te dink aan die foute en teleurstellings wat ons in die verlede geskep het nie. Al hierdie en meer het die tyd op my bom versnel.

Twee dae nadat ek uit 'n koma ontwaak het, het ek besef dat maak nie saak wat ons besluite in die lewe mag wees, goed of sleg nie, ons kan nie verander wat ons gedoen het nie. Ons kan maar net vorentoe beweeg. Ek het besluit ek het genoeg van hierdie wêreld. Ek het 'n maand se voorraad geestesgesondheidsvoorskrifte, meer as 120 kapsules, vyf klasse medikasie, depressiemedikasie, angsmedikasie, anti-paniekmedikasie en ander ewekansige middels oordoseer.

Die daaglikse wedstryd om meer redelik te wees of meer besittings te huisves as die volgende was nie die geestelike agteruitgang werd nie. Terwyl ons stry om voorspoedig te wees, gee ons afstand van assosiasie met onsself.

Ons verloor uiteindelik die klem op wat die belangrikste in ons lewens is. Die dood moes my skok. Slegs deur die dood se greep het ek ontdek wat die lewe werklik beteken het. Terwyl ek hierdie boek skryf, besit ek niks anders as die klere op my agterkant nie, alhoewel ek nog nooit in so 'n bewustheid van die lewe bestaan het soos vandag nie.

My gedagtes en ervarings van die lewe en geestesgesondheid sal uiteindelik op hierdie bladsye uitgebeeld word.

My hoop is dat jy 'n soort assosiasie met my skryfwerk aanvoel en dat jy my werk geniet.

Geestelike ineenstorting

Om 'n selfmoordpoging te verduur, kan fisies hanteerbaar wees,
tog,
om 'n selfmoordpoging te verduur, kan geestelik ondenkbaar wees.

Ongelukkig het selfmoord gevolge wat elkeen van ons raak. Op 'n sekere punt tydens hierdie bestaan het die meeste mense selfmoord oorweeg. Ongelukkig is dit 'n betreurenswaardige werklikheid vir die lewe, maar tog, die lewe sleep mense deur die verderf totdat hulle nie in staat is om terug te draai nie, met niks om te verbeur nie en geen ontsnapping uit hul verstomming van skaars bewussyn nie.

Uiteindelik word die skut ondraaglik; die versperrings begin duim vir duim toemaak.

Ek is tot op die rand van kranksinnigheid gedryf en het 'n punt bereik waar medikasie my enigste hoop vir sluimering was as gevolg van die beproewings wat my in my drome teister, voorskrifte om 'n dag te begin omdat ek geen moed gehad het om die wêreld te konfronteer nie.

'n Dwaal, verlate dop wat bestaan het, moes oorleef sedert die idee van selfmoord deur die wêreld afgekeur word.

Ek wou nooit deel van hierdie bestaan wees nie. Ek het begeer om te verstaan hoekom ek gedwing, gedwing is om te bestaan. Is dit nie hoekom vrye wil bestaan nie? vir ons om ons keuses te bepaal?

Ek sien mense fokus hul aandag op hul fisiese eienskappe, oral waar nuwe gimnasiums versprei word, klerewinkels wat die ligste materiaal vir draf aanmoedig, of die mees innoverende tekkies.

Mense besef nie dat geestesgesondheid uiters noodsaaklik is nie. Die gees beïnvloed die hele liggaam, en sodra die gees verswak, hou die liggaam ook op om te funksioneer.

Ons kan onsself met medikasie verpletter tot die vergetelheid, maar as ons nie op ons geestesgesondheid fokus nie, sal niks ons in staat stel om die duisternis te weerstaan wat ons van binne kan verslind nie.

Om in voeling met die natuur te wees en die elemente rondom ons waar te neem, is noodsaaklik vir 'n gesonde geestestoestand.

Die volgende is 'n paar metodes om te skakel met die elemente wat my aansienlik gehelp het.

• Op 'n koel dag voel ek hoe die kraakvars lug my vel binnedring terwyl ek buite staan. Op 'n warm dag verhit die lug wat ek deur my neus inasem my hele liggaam. Terwyl jy in die buitelug staan om die klimaat te voel, laat jou sintuie beheer neem oor jou fisiese liggaam, dan, in ruil daarvoor, die verstand.

• As jy 'n glas water sluk, beskryf die sensasie daarvan terwyl dit van jou mond na jou keel beweeg. Die sensasie van reëndruppels op jou vel terwyl jy in die reën of die stort staan.

• Dit kan ook heerlik en strelend wees om naby 'n vuur te staan en te voel hoe die warmte jou vel binnedring, jou liggaam warm maak en die vlamme te sien dans terwyl hulle voor jou dans.

• As jy op gras of sand staan, afhangende van wat in die omgewing is, kan jy jou skoene uittrek en die ruwe aarde verken. Dink aan die realiteit dat die oppervlak waarop jy is jou gegrond hou, net vir 'n oomblik, deur die aarde onder jou voete, tussen jou tone, te voel. Laat jou liggaam die sensasie waardeer wat jy kry wanneer jy op die ruwe aarde staan.

Elke element behou die potensiaal om vernietigend te wees, maar ons kan nie daarsonder oorleef nie. Net so werk ons gedagtes op dieselfde manier. As daar nie behoorlik aandag gegee word nie, kan die gees nadelig word, maar ons kan nie sonder die verstand lewe nie, aangesien die liggaam slegs 'n vat is sonder die verstand. As dit nie in toom of gebalanseerd gehou word nie, sal die verstand chaos op die liggaam saai.

Die lewe gebeur

Die lewe gebeur, gryp elke hindernis aan om jou veerkragtigheid vas te stel.

Het jy al ooit gehoor van die uitdrukking "as die lewe vir jou suurlemoene gee, maak limonade?" die oorsprong van hierdie uitdrukking spruit uit die 1915's. Skokkend genoeg word hierdie frase steeds in hierdie era gebruik.

Hoekom suurlemoene? Ek neem aan dit is omdat suurlemoene hard is, en limonade is heerlik sodra dit voorberei is.

Hierdie bestaan kan soms suur wees, of nee, wag! Laat ek hierdie bewering herformuleer; meeste oomblikke. Ons behoort onverstoord te staan en veerkragtig te word.

Ons daaglikse lewens is vol struikelblokke en beproewings, of dit nou te wyte is aan die keuses wat ons gemaak het of bloot die lewe wat in vars geel suurlemoen gooi. Stoot deur en toon jou onaangeraakte veerkragtigheid wat binne skuil. Hierdie sterkpunte is in ons almal weggesteek soos 'n dier wat wag om losgelaat te word.

Ek het my krag vir 'n baie lang tyd onderdruk sonder om dit te besef totdat my put so vol suurlemoene geword het dat dit uiteindelik gebreek het.

Ek het net vergeet hoe om limonade voor te berei. Groot hoeveelhede krag was nodig om die fragmente bymekaar te maak en my put te begin herbou.

Die krag om die wêreld en die struikelblokke van die daaglikse lewe te konfronteer, verberg in ons almal. Soms moet ons net effens versplinter voordat ons daardie beskutte krag ontbloot.

Erken voortdurend dat dit nooit te laat is om binne te grawe en daardie verborge krag te vind nie.

Wanneer ons op ons mees melancholiese is, verpletter, op die vloer geslaan, en nie weet watter koers om te neem nie, dit is wanneer ons op ons sterkste is. Op daardie oomblik sal jy terugstaan en sien hoe al die dwase dinge wat ons in die lewe najaag verdwyn, weer met jouself verbind word, die een persoon wat al te lank geïgnoreer is.

Hierdie persoon is jy!

Met krag daarbinne, het jy nooit geweet dat dit kan bestaan nie. Ek het ontdek hoe formidabel ek was op die dag toe die lewe my op die vloer geslaan het. Ek impliseer nie fisiese krag nie, ek impliseer emosionele en kognitiewe krag.

Ons is tot soveel meer in staat as wat ons erken. Staan net effens terug en kyk na die wêreld rondom jou, en jy sal 'n blik op 'n lewe sien wat deur 'n seldsame paar verstaan word.

Ek was al in die verderf en terug, en doen dinge wat die meeste mense sal laat inkrimp. Die meeste oordele wat ek in die lewe gemaak het, het my op 'n koers van afkoms gerig.

Toe ek in 'n hospitaal wakker word, het ek besef dat ek op al die verkeerde plekke na my verlossing gesoek het, ek het ontdek dat ek nooit verlossing in die wêreld sou opspoor nie, die enigste plek waar ek dit kon ontdek was binne, binne myself.

Dit is waar ek my krag gevind het om op te staan en die struikelblokke te konfronteer wat hierdie lewe my daagliks gegooi het. Ek het ontdek dat dit diep in my begrawe is, agter daardie versperrings wat ek opgerig het om myself veilig te hou, die versperrings om al my donkerste demone op 'n afstand te hou.

Liefde

*Soos alle emosies vernietigend kan wees, so bestaan ook skoonheid
en vernietiging in liefde.*

Die onderwerp van liefde, glo ek, is een van die moeilikste
onderwerpe om te bespreek. My primêre rede om dit te sê is omdat
wanneer ek oor liefde spekuleer, ek nie liefde sien as bloot twee
mense wat liefde ervaar nie.

Liefde het 'n meer uitgebreide betekenis as twee mense wat verlief is
of selfs verlief raak.

Ek stel voor dat u hierdie onderwerp vanuit 'n universele perspektief
ondersoek.

• Liefde tussen familie
• Liefde vir ons troeteldiere
• Liefde in 'n verhouding
• Liefde teenoor ons materiële besittings
• Liefde vir ons vriende
• Sommige mense raak verlief op hul loopbane
• Liefde teenoor die natuur

Die bogenoemde is bloot 'n paar voorstellings dat liefde ons almal
verbind, of ons liefde opmerk of aanvoel, of sommige eenvoudig nie.
Liefde is die liefde wat jy ervaar teenoor iets of iemand. Soos alle
dinge in hierdie bestaan 'n onderstebo en nadeel het, het liefde ook.
Skoonheid en vernietiging bestaan gelyktydig.

Die liefde tussen familie.

Die liefde tussen 'n gesin moet as onvoorwaardelike liefde beskou
word, dink jy nie? Met dit oorgedra, het ek gesien hoe gesinne saam
floreer, en ek het gesien hoe hulle mekaar uitmekaar ruk.

Wat is die eerste emosie wat ons ervaar wanneer ons gebore word? 'n Ma en pa wat ons onvoorwaardelik liefhet, meeste van die tyd. Hulle dra ons om die broers en susters by die huis te ontmoet, waarna dit die grootouers, die tantes en ooms is, ens. Dit is die mense wat veronderstel is om ons fondament in die lewe te lê.

Hierdie punt is waar die lyn tussen skoonheid en vernietiging uiteindelik oorgesteek word. Ek dra nie die perfekte familie oor nie hierdie stelling moet nie verkeerd geïnterpreteer word nie. Ek beskou so iets as nie-bestaande nie.

Ons is almal mense. Natuurlik dra ons almal ons onvolmaakthede. Die punt is dat die manier waarop familie mekaar liefhet, ons van jongs af voorberei op hoe ons mekaar moet liefhê soos ons grootword om volwassenes te word. Hierdie fondament bly by ons tot die dag wat ons vertrek. My persoonlike ervarings met liefde tussen familie was nie voortdurend uitsonderlik nie.

Ek het vir 12 jaar vir my familie weggekruip en probeer vasstel dat ek nie nodig het dat hulle teenwoordigheid moes volhard nie. 'n Bitter duik het die wêreld om my tot stilstand gebring. Ek het alles in die proses verloor.

Wie was ook daar toe ek niemand oor gehad het nie? My familie! Die dag toe ek uit die hospitaal wakker word, was my ma se gesig die eerste ding wat ek gesien het. Toe ek by die hospitaal uitstap, wie het vir my gewag? My pa en broers! Dit is vir my onvoorwaardelike liefde tussen familie.

Al is ons ervarings nie altyd uitsonderlik nie, en vlug ons van familie af weens die lyding wat hulle veroorsaak, sal hulle altyd daar langs ons wees wanneer ons nêrens anders het om heen te gaan nie.

Ons sien familie as hierdie uitgebreide kring van mense vir wie ons lief is, met die veronderstelling dat hulle ons nooit skade kan aandoen nie omdat hulle ons liefhet, nie waar nie? Wanneer die oomblik aanbreek dat hulle ons uiteindelik seermaak, daal ons heelal in duisternis.

Daar is nie een persoon in hierdie wêreld wat ons kan vertrou nie. In werklikheid is liefde skoonheid en vernietiging gelyktydig. Dit is in ons aard om foute te maak. Verskoning en vergifnis is die hoekstene van gesinsliefde.

Liefde vir ons troeteldiere.

Die liefde van 'n dier is onvoorwaardelik. Diere sal van jou hou, maak nie saak wat jy doen nie. Die skoonheid in die liefde van 'n dier is ongelooflik. Ek glo nie dat ons die omvang van hul toewyding ten volle verstaan nie.

Diere bring groot hoeveelhede liefde en geduld in ons lewens, emosionele troos en geselskap. Die vernietiging wat ons in hierdie liefde sien is

• Ons beweeg en kan nie die dier aanhou nie
• Mishandel die dier omdat jy voel dit is in die pad
• Verwaarlosing van die dier as gevolg van 'n besige skedule
• Wil nie die dier hê nie, want dit pas nie by jou standaarde nie

Die dier word dan na 'n diereskuiling geneem, of jy gee dit aan iemand anders oor. Hoe dit ook al sy, die dier het reeds 'n band met jou opgebou en is onvoorwaardelik lief vir jou. Die emosionele vernietiging wat binne die dier gedoen word, kan nooit ongedaan gemaak word nie.

Liefde in 'n verhouding.

Hierdie gedeelte veroorsaak die meeste vernietiging in ons volwasse lewens. Ons verbind onsself aan 'n ander persoon, raak verlief en gee ons volle bewustheid aan die (Gedagte) regte persoon. Net om van ons geruk te word. Ek was al 'n paar keer verlief en het selfs die huwelik bereik. Op die ou end het ek geskei en belowe om nie weer lief te hê nie.

Die menslike spesie raak sonder moeite verlief, sonder om die omvang van toewyding self te verstaan. Sommige mense glo dat liefde 'n chemiese reaksie in ons gedagtes is, terwyl ander glo dat ons goddelike siele verlief raak, soos die uitdrukking, ek het my sielsgenoot gevind.

Ek moet eerlik wees en sê dat ek nie ten volle verstaan waar liefde vandaan kom nie, al wat ek weet is dat ek 'n buitensporige hoeveelheid verwoesting in my lewe gevoel het as gevolg van liefde. Ek sien nou die term liefde universeel, meer as een persoon wat 'n ander liefhet.

As kind is ek grootgemaak deur te glo dat as jy iemand ontmoet vir wie jy lief is, jy in die huwelik sal tree, kinders sal baar en die lewe sal deel. Vandag terwyl ek hier sit, is daardie standpunt feitlik heeltemal uit my gedagtes uitgewis.

Met egskeidingsyfers wat die hoogte inskiet en kinders wat in verwoesting grootword weens egskeidings en binnegevegte, is dit in ons beste belang om te trou en kinders te hê? Moet ons werklik voortgaan met hierdie proses van verwoesting en hartseer?

Ek het my eerste liefde ontmoet toe ek 17 jaar oud was, dit was die mees epiese emosie wat ek nog ooit gevoel het. Om iemand lief te hê is 'n epiese emosie, hypnotiserende en pragtige element. Die lewe het vir 'n rukkie goed gegaan, maar soos altyd verval liefde mettertyd, en liefde word vernietigend.

Wat eens mooi was, word verskriklik. Die eerste tekens is gewoonlik emosionele mishandeling, hierdie tipe mishandeling is erger as fisiese mishandeling omdat die letsels wat agterbly weens emosionele mishandeling nie deur 'n ander gesien of herstel kan word nie.

Wanneer liefde uiteindelik vernietigend raak, is dit die beste vir beide partye om bloot uit die verhouding te wyk voordat die verhouding 'n mens se ondergang word.

My tweede liefde was ongelukkig uiters kortstondig. Ek moet byvoeg dat hierdie verhouding my mees intieme een was. Ek was lief vir hierdie persoon met so passie dat ek myself nie eers kon kry om haar te soen nie, ja ek weet, hoe kan ek in 'n verhouding wees maar nie fisies aangetrokke wees nie? Ek weet nie hoe om daarop te reageer nie; al wat ek verstaan is dat toe ek rondom hierdie persoon was, my hele bestaan uitmekaar gekom het.

Die intensiteit van my liefde het dit vir my onmoontlik gemaak om die persoon aan te raak, ek het nie verwag dat iets tussen ons sou eindig nie. Daar is niks soos te veel van iets om 'n goeie reis te verwoes nie, want ons het uiteindelik ons verhouding beëindig.

Elke persoon wat ons liefhet en verlaat, laat 'n leemte in ons, hulle neem 'n deel van ons saam, laat 'n skeuring in ons wat nooit gesluit kan word nie.

My derde liefde was veronderstel om my laaste, my happily ever after te wees! Ons het verloof geraak, getrou en ons lewens saam begin. Ek weet nie of die probleem ek is nie, miskien behou ek eenvoudig dwase geluk, of ek is verplig om my dae alleen te leef, maar ons huwelik het net twee jaar gehou.

Die egskeidingsproses was uitputtend, 'n ramp is die enigste manier om dit te beskryf. My huwelik was nie eens 'n vreugdevolle een nie, om die minste te sê.
As jy my vra, is daar meer vernietiging as skoonheid in liefde. Die hartseerste van alles is dat ek niemand behalwe myself kan blameer vir my mislukkings in liefde nie.

Ek raak vinniger uit liefde as wat ek op iemand verlief raak.

Liefde laat vernietiging in sy nasleep. Die pad wat liefhet agterlaat is grusaam, om die minste te sê.

"Never fear love, never fall for love", Ek het hierdie frase 'n paar jaar terug op my lyf laat tatoeëer. Die betekenis van hierdie frase is dat ons nooit liefde moet vrees nie, want liefde kan pragtig en inspirerend wees. Terwyl ons aan die ander kant nooit vir liefde moet val sodat ons verloor wie ons is nie, ons oortuigings vergeet en vergeet wie ons is nie.

Liefde vir materiële besittings.

Gedurende die 12 jaar wat ek van familie gevlug het, was my hoofdoel om so vinnig as moontlik die leer te klim, om alles te kry wat ek ooit wou hê. Ek het alles verkeerd gehad. Ek het die idee gehad dat sukses en rykdom geluk koop.

Ek sien vandag dat ek nie verder van die waarheid af kon gewees het nie. In werklikheid, hoe meer sukses en rykdom jy ophoop, hoe meer stresvlakke styg. Met stresvlakke wat styg, neem geestesgesondheid ook af.

Ek het alles gehad wat ek ooit begeer het en meer, die loopbaan, die huis en die motor. Ek het op die ou end alles verloor, want dit was nooit genoeg nie, hoe meer ek gekry het, hoe meer het ek begeer. Soos ek vandag hier sit, is die enigste besitting wat ek besit my klere, en weet jy wat? Ek was nog nooit so gemaklik met myself soos tans nie.

Elke oggend word ek wakker, daar is geen berg op my skouers nie, geen verduideliking aan iemand nie, en ek mis nie die hel wat die heeltyd oor alles bekommer nie. Hoe gaan ek vir alles betaal? Daar is altyd 'n uitweg uit finansiële probleme. Ek moet eerlik wees en uitdruk dat ek nie die stres mis nie.

Ek stem saam dat ons 'n paar kommoditeite nodig het om lewe te onderhou, ek weet dit, maar ons het nie alles nodig nie. Hoe meer ons behou, hoe swaarder is die gewig op ons skouers. Weereens kom die skoonheid en vernietiging hier speel.

Wees gelukkig met wat die lewe gee en verwag nooit meer as wat gegee word nie, want die liefde vir materiële dinge kan jou ondergang word.

Liefde vir ons vriende.

Vriende is noodsaaklik, hulle luister sonder oordeel, staan by ons deur die storms van die lewe, en help met emosionele ondersteuning. Ek het baie vriende gedurende my leeftyd gehad, en net twee het van almal oorgebly.

Die storms van die lewe dun hulle uit en wys wie jou ware vriende is. Ons raak verlief op ons vriende op 'n ander spektrum as liefde vir familie en liefde in 'n verhouding. Behoorlike vriende sal ons deur die storms dra, en die verkeerdes sal ons aftrek om self uit te kom.

My inleiding tot die wêreld van verdowingsmiddels was deur 'n vriend, iemand wat ek gedink het deur dit alles by my sou staan. Op die ou end, toe dit te laat was, was ek verslaaf aan middels, en hy was nêrens te sien nie.

Tydens een van die donkerste episodes van my lewe was ek geïsoleer. Die persoon wat my aan die duisternis voorgestel het, was nêrens te vinde nie en het verdwyn sonder om enige lig te werp. Wees versigtig vir wie jy lief is, want dieselfde liefde wat jy gee, kan dalk net jou wrak word.

Liefde vir ons werk.

Ek het 14 uur plus 'n dag van Maandag tot Sondag gewerk. Ek het gelewe vir my werk; al waaroor ek kon praat, was my werk. Ek het nooit afdae aanvaar nie, selde verlofdae geneem en nooit my familie besoek nie. Ek het gevoel asof my werk my 'n doel en 'n gevoel van belangrikheid gee.

Op die ou end het my liefde vir my werk 'n groot rol gespeel in my vernietiging.

Ek het selde tyd gemaak vir myself, my gesin of my verhoudings. My hele heelal het om my loopbaan gedraai. Werk is belangrik, maar wees versigtig dat jou liefde vir jou werk nie jou vernietiging word nie, Want oorwerk kan wat reeds 'n troostelose hart is leegmaak.

"Elke buitengewone verhaal het uit lyding ontstaan"

Vernon JB Pohl

Aanhoudende haat

Die haat wat talm, sal jou van binne verteer.

Haat kan uiters vernietigend wees. Die verdrukking met haat is dat haat nie net die mense rondom ons raak nie, haat raak uiteindelik diegene wat die meeste verteer word.
Hoe meer ons haat, hoe meer verteer daardie presiese haat ons van binne.

Diegene wat jy haat, gaan voort met hul lewens, hulle gaan voort met hul daaglikse roetines sonder om jou haat te onderskei omdat hulle dit nie herken nie. Ons sit by die werk met verterende haat, ons gaan huis toe met hierdie haat, en ons dra dieselfde haat na ons slaap om ons drome te spook.

Terwyl ons deur haat verteer word, gaan ons teëstanders aan met hul lewe. Wantroue en haat is twee baie aparte elemente. Ons kan iemand vergewe vir wat hulle aan ons gedoen het en hulle terselfdertyd wantrou, ons hoef hulle nie te haat nie, maar ons mag hulle nooit weer vertrou nie.

Hou jou hart skoon van haat, en jy sal dalk op die ou end verras wees met die resultate. Daar is geen persoon op hierdie planeet wat ek haat nie, alhoewel glo my as ek sê, daar is baie min mense wat ek uiteindelik vertrou. 'Haat', hetsy dit na binne of uit gedraai word, skep 'n vernietigende gemoedstoestand wat fisiese gesondheid en emosionele welstand verwoesting saai, soortgelyk aan 'n klomp warm steenkool.

Hoe gouer jy jouself van hierdie giftige emosie ontslae raak, hoe minder skade word aangerig. Ons kry 'n gesonder en gelukkiger lewe.

Verteer deur haat leef ons ons dae;
Verlate soos 'n kegel van niksheid.
Kyk in verwondering, soos jou bitterheid verswelg;
Verswelg die persoon van wie jy eens geleef het;
Verontagsaam deur pyn en angs;
Sal die bestaan van die veragtes wees.

Wees vreesloos

Wees vreesloos, wees vrymoedig, wees inspirerend, wees wie jy bedoel was om te wees, en gaan dan voort en inspireer ander om te wees wie hulle bedoel was om te wees.

Met die druk van die daaglikse lewe word dit al hoe moeiliker om positiwiteit te handhaaf, onsself kop bo water te hou en steeds vir ander om ons om te gee.

Ek het 'n paar voordele op die pad opgetel om my te help om ander te help.

• Omgee
• Om vreesloos te wees
• Verdien vertroue
• Mense opbou
• Staande grond
• Erkenning van gebreke
• Luister na mense
• Om vrygewig te wees

Werklik inspirerende mense deel twee fundamentele eienskappe;
1: hulle glo in hulself
2: hulle glo in ander.

Hulle deel ook ander kritieke eienskappe wat maak dat diegene rondom hulle beter wil wees.

Om omgee te wees

Betekenis; Die voorsiening van wat nodig is vir die gesondheid, welsyn, instandhouding en beskerming van iemand of iets.

Dit impliseer nie noodwendig dat jy jou hele lewe op pouse moet plaas om na mense om te sien nie, klein treetjies bring jou steeds by jou bestemming.

-As jy iemand of iets in nood sien en jy is in 'n posisie om te help, dan bly die enigste vraag, hoekom doen jy nie? Wat het jy om te verloor deur iemand in nood te help?

-Hoeveel moeite sal dit verg om 'n hulpelose dier na 'n skuiling te neem wanneer jy een op pad teëkom? Of as jy weens omstandighede nie kan nie, skakel eenvoudig die naaste skuiling vir bystand. Die hulp wat jy ander gee, kan hul lewens vir altyd verander.

Om vreesloos te wees (dapper)

Betekenis; 'n gebrek aan vrees toon.

Kom ons erken dit, ons almal vrees iets. My grootste vrees was nog altyd hoogtes, glo dit of nie, ek is versteen vir hoogtes, ek kan nie eers op 'n stoel staan sonder om hierdie naar sensasie in my maag te kry nie.

Of ons vrees spinnekoppe is, dalk hoogtes soos ek, of selfs reptiele, ek het gehoor van sommige mense wat vrees vir narre toon. Ek weet sommige vrese mag dalk vir my en jou dom klink, maar vir die mense wat met hierdie vrese saamleef, is dit 'n realiteit wat hulle daagliks moet trotseer. Ek kan nie glo daar kan iemand daar buite wees sonder vrees nie, almal vrees iets, dalk gering maar steeds vrees.

Wat dryf ware vreesloosheid aan? Wanneer ons ons vrese in die gesig staar, moet ons dit werklik in die gesig staar. In my geval, die vrees vir hoogtes. Gedurende my lewe moes ek verskeie lere klim, op vliegtuie klim en op stoele staan om 'n lig te verander, met my vrese in die gesig. Elke keer as ons ons vrese in die gesig staar, raak hulle meer ver van ons af.
Vertroue verdien.

Ek weet ek het voorheen genoem dat daar baie min mense is wat ek in hierdie lewe vertrou. Die sleutel is om mense se vertroue te verdien, nie om te bied nie. Wys aan die wêreld hoe dit lyk om betroubaar te wees, en wees 'n voorbeeld vir ander.

Ek het talle mense se vertroue in my lewe gebreek en sal altyd spyt wees daaroor tot die dag wat ek verbygaan. Ek werk daagliks aan hierdie faktor om mense te wys dat ek vertrou kan word, en probeer om nie die vertroue wat ek opgebou het, te skend nie.
Mense vereis van mekaar om hul emosies te bespreek, stoom af te blaas en te praat oor daaglikse uitdagings wat hulle in die gesig staar. As ons niemand het om te vertrou en mee te kommunikeer nie, sal daardie emosies en vragte wat ons dra opbou, en die gevolge kan onomkeerbaar wees. Deur vertroue te bou, help ons mekaar en inspireer ons om beter te word.

Mense opbou.

Betekenis; om iemand te prys op 'n manier wat mense se opinies sal beïnvloed. Om 'n persoon meer selfversekerd te laat voel.

In my bestuursloopbaan deur die jare het my sukses gekom van hoe my werknemers presteer het. My geheime wapen was nog altyd om my personeel op te bou, emosioneel en fisies. Hulle is waardeer, selfversekerd en in hulself geglo toe hulle hul opdragte uitgevoer het.

Soos ons mense opbou, voel hulle waardering, hulle sal dit geniet om rondom jou te wees omdat jy inspireer.

Ons moet onthou dat elkeen van ons daagliks uitdagings in die gesig staar, wanneer iemand af en onder voel, kan 'n paar eenvoudige woorde van motivering 'n lewe verander. Ek is mal oor die frase motivering, 'n eenvoudige woord met soveel krag. Ons hoef nie motiveringsprekers te wees om iemand op te bou nie, 'n paar inspirerende woorde of raad sal 'n ander ondersteun met die uitdagings wat hulle daagliks in die gesig staar.

Staan jou grond.

Betekenis; as jy jou man staan. Jy gaan voort om 'n spesifieke argument te ondersteun of om 'n spesifieke mening te hê wanneer ander mense jou teëstaan of probeer om jou van plan te laat verander.

Om jou man te staan of te veg vir dit waarin jy glo, maak nie van jou 'n slegte mens nie. Dat dit waarin ons glo ons uiteindelik definieer.

So hoekom nie opstaan vir daardie oortuigings nie. Wanneer ek oor oortuigings praat. Ek praat nie net van een spesifieke geloofstelsel nie, ek bedoel ons geloofstelsels het 'n wye verskeidenheid. Godsdiens, seksualiteit, politieke affiliasie, filosofie.

'n Geloofstelsel is 'n ideologie of stel beginsels wat ons help om ons daaglikse werklikheid te interpreteer. Op die ou end kom dit neer op waarin ons glo, en geen mens moet daarmee inmeng nie.

'Godsdiens' Ek het nie 'n sterk sin vir godsdiens nie, te veel kies van, en elkeen glo hulle s'n is die enigste manier om te gaan. Ek is geneig om my afstand te hou van godsdienstige gesprekke, want die vinnigste manier om konflik tussen mense te begin is deur godsdiens.

'Seksualiteit' Ek glo elke persoon op hierdie aarde het die reg om te kies met wie hulle hul lewens wil deurbring, om dit deur te bring saam met wie hulle lief is. Wie is ons om vir 'n ander mens te vertel wie hulle moet wees? Wie is ons om 'n ander mens se vrye wil weg te neem? Ek het in my lewe rondgevroetel, ek het geen aantrekkingskrag na een geslag nie, en in daardie sin noem die meeste mense my verward. Ek glo nie, want ek gaan na wie my gelukkig maak en my 'n gevoel gee van behoort. Dit is my reg en al die ander se reg om te kies met wie hulle wil wees, nie een mens is bo 'n ander nie.

'politiek' Hartseer.

"Filosofie" Doen vir altyd wat jy dink geluk skep, laat geen ander jou anders adviseer nie.

Wanneer ons ons grond staan op dit waarin ons glo, inspireer ons ander om dieselfde te doen. As jy weet wat jou oortuigings is, staan daarvoor op.

Om ons gebreke te erken.

Betekenis; dat die erkenning van jou onvolmaakthede jou toelaat om jouself te vergewe. Selfs om 'n fout of mislukking (met selfvertroue, nie selfveroordeling) met 'n goeie vriend, ondersteuningsgroep of span te deel, weerspieël krag, eerlikheid en integriteit, nie swakheid nie.

Hierdie een tref baie mense, ek inkluis. Ons sien vinnig die foute in ander raak, ons mis die wat ons ronddra. Om ons tekortkominge te erken, veroorsaak dat ons beter mense word, en as ons ander wys dat ons sterker is wanneer ons ons gebreke erken, inspireer ons. Elke mens bevat uiteindelik gebreke, geen mens is foutloos nie. Om te erken en aan ons gebreke te werk, skep ruimte vir groei, en saam met groei kom inspirasie.

Ek het meer as 'n paar foute van my eie, byvoorbeeld, ek praat nie wanneer iets my pla nie. Ek sal eerder stilbly om konflik te vermy. Konflik is ongelukkig een van my angs-snellers, maar ek probeer daagliks daaraan werk.

Nog een van my foute is dat ek maklik kwaad word, ek sou kwaad en geïrriteerd raak met die eenvoudigste situasies. Ek moet eerlik wees en sê dit het mettertyd beter geword, maar ek sukkel steeds hiermee. Een stap op 'n slag, een fout op 'n slag. Om ons gebreke te erken en daaraan te werk, sal tyd neem, dit sal nie oornag gebeur nie. Die proses sal ander wys dat dit moontlik is om te bereik en op hierdie manier sal jy ander inspireer.

Luistervaardighede (eintlik na ander luister)

Betekenis; die vermoë om aandag te gee aan en effektief te interpreteer wat ander mense sê. Luister is die vermoë om boodskappe in die kommunikasieproses akkuraat te ontvang en te interpreteer.

Effektiewe luister

Effektiewe luister is 'n vaardigheid wat alle positiewe menseverhoudings onderlê. As jy na iemand luister, toon ons deernis, met deernis kom uiteindelik vertroue, en met vertroue kom inspirasie.

Aktiewe luister is noodsaaklik in ons daaglikse lewens, nie net om mense te inspireer nie, maar ook vir persoonlike groei. Wanneer ons terugstaan en bloot luister, fokus op die omgewing, wanneer iemand met ons praat of bloot in die agtergrond praat, jou verstand ontspanne, spiere ontspanne, leer jy dalk 'n ding of twee. As 'n individu geestelik uitgeput is, emosioneel gedreineer is en op die punt is om op te gee, kan jy 'n lewe red deur bloot na die tekens te luister.

Om 'n goeie luisteraar te wees, impliseer om te fokus op die persoon wat praat, nie onderbreek of reageer met jou insette sonder ophou nie, maar eerder bloot om hulle uit te hoor.

Goeie luisteraars speel 'n meer passiewe praatrol in die gesprek, en tree aktief in met die ander persoon deur lyftaal en opvolgvrae te gebruik. Hulle respekteer die persoon wat praat.

13 eienskappe van 'n goeie luisteraar.

- Hulle is ten volle teenwoordig
- Hulle luister nie om te reageer nie
- Reageer op die oomblik
- Hulle het nie 'n agenda nie
- Hulle spring nie om raad te gee nie
- Hulle gee soms raad
- Hulle vra opvolgvrae
- Hulle luister net soveel, of meer, as praat
- Hulle wys dat hulle luister
- Hulle is geduldig
- Hulle luister om te leer
- Hulle stel belang in waarin die spreker belangstel
- Hulle som op wat hulle gehoor het

Dit is dalk 'n goeie idee om op jou luistervaardighede te begin fokus.

Om vrygewig te wees.

Betekenis; dat iemand wat vrygewigheid toon, gelukkig is om tyd, geld, kos of vriendelikheid aan mense in nood te gee.

Vrygewigheid is 'n eienskap soos eerlikheid en geduld waarvan ons almal waarskynlik wens ons het meer gehad.

Wanneer jy vrygewigheid toon, gee jy dalk iets weg of stel jy ander voor jouself. Oral waar ek gaan, ken mense my, groet my en praat lukraak met my. Nie omdat ek beroemd of mooi is nie, nee, ek is vrygewig met my tyd, ek probeer behoeftiges help wanneer ek kan, en oor die algemeen vriendelik.

Om 5 minute van ons tyd aan iemand te gee sal ons nie vernietig nie, tyd is kosbaar vir ons almal, ek verstaan dit. Watter beter manier om diegene rondom ons te inspireer as om hulle ons tyd te gee?

Al wat ek sê is, as jy vrygewig van hart is, sal mense deur jou geïnspireer word.

Selfmotivering

Selfmotivering is een van die belangrikste bates wat ons besit, ons moet eenvoudig ontdek hoe om dit te beheer. Moenie wag vir iemand om saam te kom en jou te motiveer nie. Word wakker, staan regop en raai jouself aan "dit is my lewe, en ek sal wees wie ek gebore is om te wees."

Die sensasie wat ons kry wanneer iemand anders ons motiveer, is 'n ordentlike emosie, maar dit sal nooit dieselfde sensasie wees as wat ons uit selfmotivering kry nie.

Ons kan massief van die buitewêreld af gemotiveer word, maar as ons onsself van binne afbreek, sal daardie motiverings op dowe ore val. Selfmotivering laat 'n blywende effek op ons lewens, nie net tydelik soos dit van die buitewêreld sou wees nie.

Word soggens wakker en verklap aan jouself "Ek is gebore om meer te wees, ek is die beste weergawe van myself, en ek kan die wêreld met selfvertroue aandurf." Ek belowe jou dat as jy dit doen, jy verandering, emosionele veranderinge sal sien. Gedurende my lewe was die tye wat ek die meeste tevrede en suksesvol was toe ek selfgemotiveerd gestaan het. Ek was baie vol vertroue dat ek enigiets kon bereik wat ek verlang.

Ek was selfgemotiveerd. Ek het in myself geglo.

Die wêreld om my het dit gesien en my aanhoudend gevra, hoe ervaar jy sulke swaarkry en is jy steeds so selfversekerd? Die antwoord was duidelik, Selfmotivering. My lewe het uitmekaar geval toe ek opgehou het om in myself te glo, toe ek opgehou het om myself te motiveer, en al hierdie negatiewe gedagtes en emosies my gedagtes laat oorstroom het, al daardie gedagtes wat ek vir baie jare baklei het.

Op die ou end het daardie presiese gedagtes my amper my lewe gekos.

Die wêreld om ons is 'n wrede en ongeregverdigde plek, dit is aan ons om in onsself te glo. Moenie dit vir enigiemand anders as jouself doen nie, want jy is die moeite werd, en jy verdien meer as 'n ellendige bestaan.

Hulle wat selfgemotiveerd is;

Sweef verder as dit wat bekend is.

Want hierdie lewe was bedoel vir die dapperes;

Nie die selfveragting nie.

Moenie ontsteld wees oor die opinies van sterflinge nie;

hul selfbeeld dagvaar afsterwe.

Eensaamheid

Om daagliks deur duisende mense omring te word, beteken nie dat ons verbind voel nie. Ons kan ongeveer 'n miljoen mense wees en steeds isolasie ervaar.

Ek is geneig om die meeste van die tyd vir mense weg te kruip, 'n alleenstaande persoonlikheid. Te veel mense om my laat my ongemaklik voel, laat my angs opvlam en veroorsaak dat ek op sekere maniere binnegeval voel.

Wanneer ek in 'n vertrek vol mense staan, hou ek liewer vir myself as om lukrake gesprekke te voer oor onderwerpe wat my nie interesseer nie of onderwerpe waarvan ek niks weet nie.

Ek is veral verskriklik met klein praatjies. Ongemaklike stilte word die meeste van my gesprekke. Dit is die rede hoekom ek mense vermy, ek vermy om 'n gesprek te begin wat ek nie kan voltooi nie want sodra dit begin raak die woorde op. Angs vlam op, en net so begin eensaamheid en skaamte insluip.

Ek glo eerlikwaar daar is 'n verskil tussen alleen voel en eensaam wees.

- Om alleen te voel in 'n stampvol vertrek maak ons ongemaklik, op daardie oomblik sal ons eerder alleen en besig wees met ons doen en late, doen wat ook al ons gelukkig maak, as om deel te wees van 'n ongemaklike gesprek.

- Om eensaam te wees is daardie sensasie wat jy kry wanneer jy niemand het om mee te praat nie wanneer jy deur jou gedagtes spook, en op daardie oomblik wil jy net met iemand praat wat sal luister.

Ek was in verskeie stampvol kamers, en ek was in baie leë kamers. In my ervaring sal ek eerder in 'n leë vertrek wees, as 'n stampvol kamer vol mense waar ek nie voel ek hoort nie. Ek het voorheen die fout gemaak waar ek mense ingelaat het, die verkeerde mense omdat ek eensaam gevoel het.

Ek het 'n duur prys vir daardie fout betaal, en ek sê nou vir jou, wanneer ons eensaam word, word ons kwesbaar vir die verkeerde mense. Ons moet eers onsself vind voordat ons ander vind.

Die verkeerde mense op die verkeerde tyd is dalk net die brandstof vir die vuur wat jou uit jou kern kan verteer.

Nederig wees

Om nederig te wees veroorsaak nie minderwaardigheid nie.

Ek glo ek was die grootste deel van my lewe nederig, ek dra soms arrogansie oor, maar meeste kere nederig. Ek verklaar nie dat ons die wêreld moet toelaat om oor ons te loop nie.

Nee, dit is nie wat ek voorstel nie, ek spreek nie uit dat ons die mindere persoon moet wees of dat ons moet terugstaan as ons gedreig word nie.

Vir my is nederigheid

- Wanneer ons aanbied om 'n deur vir iemand oop te maak
- Wanneer ons by 'n tafel is, en 'n individu het nêrens om te sit nie, bied jou stoel aan
- Wanneer by 'n stopstraat op die pad en ons bied die ander persoon aan om eerste te gaan
- Stap by 'n kamer in en groet die mense in die kamer opreg

Die klein sake wat ek noem kan 'n groot verskil maak. Om aan te neem dat ons beter is as ander, is die teenoorgestelde daarvan om nederig te wees, om mense uit die pad te stoot wanneer hulle stap om by jou bestemming uit te kom.

Om nederig en hoflik teenoor mekaar te wees, laat almal eenvoudig beter voel en wis wrywing uit. Nederigheid maak ons nie minderwaardig nie. Trouens, dit doen die teenoorgestelde.

Dit maak ons beter as diegene wat nie nederig of hardkoppig is nie. Niemand geniet dit om naby iemand te wees wie se ego die hoogte inskiet nie.

Ek veronderstel mense met groot ego's geniet dit selde om rondom hulself te wees, dit versterk bloot 'n reeds gebroke ego wat hulle vir die res van die wêreld wegsteek.

As jy alles het wat jy ooit wou hê en dalk selfs meer, en jy bly nederig, is jy meer menslik as die meeste, en ek salueer jou daarvoor.

Selfverminking

Elke lem wat ek vat is nog 'n litteken wat op die rand van my siel gelaat word.

Die meeste mense het verklaar dat ek selfvermink het omdat ek aandag gesoek het. Dit kan nie verder van die waarheid wees nie, hoekom sal ek dan deur uiterstes druk om die skeurwonde te verberg?

Ek het selfvermink omdat ek gevoel het dat ek die pyn, die vernedering en die letsels wat op my liggaam gelaat het, verdien. Ek het gevoel asof ek 'n gebrekkige mens was, en daarom het ek verdien wat ek in die lewe ontvang het.

Aan die een kant wou ek nie selfmoord pleeg nie, want ek wou lewe, aan die ander kant het dit gevoel asof ek nie verdien om te lewe nie.

Om jouself seer te maak is nie 'n swakheid nie. Kan jy begryp hoeveel krag dit verg vir iemand om homself pyn toe te dien? Om 'n lem te neem en dit in die vel te druk? Om jou grense te toets oor hoe diep jy kan sny voordat jy die belangrike are tref?

Sit jy agterna en kyk hoe die bloedrooi vloeistof onder die vel uitvloei, of word 'n verhitte item geneem en teen die vel gedruk? Die reuk van brandende vleis word naar, en sien hoe die vel onder die hitte wegsmelt.

Dit is vir my nie swakheid nie, wat meer krag verg as wat meeste mense ooit kan dink. Die blywende skade wat 'n litteken veroorsaak, is nie net dié wat met die oë gesien kan word nie, die emosionele skade wat selfverminking laat is baie meer ingewikkeld as die skade wat op die vel gelaat word.

Ek het by 'n plek aangekom waar ek nie meer die fisiese pyn kon aanvoel nie, elke keer het ek 'n bietjie dieper gesny, 'n bietjie nader aan die are, 'n bietjie nader om te kyk of die lem my essensie kan vlug, om te sien hoe ver kan ek druk myself.

Om 'n punt te probeer bewys, om te wys dat ek meer is as net 'n fisiese liggaam en die pyn wat my liggaam kan verduur. Vandag sit ek met hierdie littekens, sien hulle terwyl ek wakker word, sien hulle wanneer ek gaan slaap. Elke tweede persoon wat ek teëkom vra oor my letsels. "'n herinnering wat die beste vergeet word" sou ek sê.

Dit is nooit te laat om hulp te vra nie. In my donkerste oomblikke het ek gedink daar is geen hulp vir iemand soos ek nie, maar ek het hulp aanvaar. Om jouself seer te maak is selde die antwoord op die lewe se probleme, maak nie saak hoe donker hierdie lewe blyk te word nie.

Onthou dat die letsels wat agterbly, dieper sny as die fisiese sny.

Ons ouers is nie helde nie

Ons ouers is nie helde nie, hulle veg 'n daaglikse oorlog net soos ons.

Ek het nie kinders nie; Ek geniet nie juis die idee om 'n ouer te wees nie. Ek glo as jy nie geestelik, emosioneel of finansieel stabiel genoeg is om kinders te hê nie, is dit die beste om hulle glad nie te hê nie.

Op die ou end sal jy meer skade as goed vir 'n ander mens veroorsaak, dit is net my opinie van wat ek moes verduur gedurende my kinderjare.

My ouers was buitengewoon lief vir my, ek het nooit gesê liefde van 'n ouer is die kwessie nie. My probleem is die omstandighede wat vir 'n kind geskep word.

Nie een van ons het gevra om hier te wees nie, nie een van ons het gevra om gebore te word nie, dit is twee mense wat besluit hulle wil lewe skep, of dit nou per keuse of per ongeluk is, twee mense het gekies om uit te gaan en die dade te doen wat skep.

Die wat nooit gevra het om hier te wees nie, is diegene wat die meeste ly deur dieselfde hande wat hulle geskep het.

Ek weet nie elke fout wat ek gemaak het, was my ouer se skuld nie;

Wees eerlik met jouself en neem 'n bietjie skuld vir hoe ek uitgedraai het;

Ek weet dit is meestal my skuld, maar jy moet in ag neem en verklaar dat dit iewers vandaan moes kom;

Dit kan nie bloot eensydig wees nie;

'n Storie het altyd twee perspektiewe;

Dit moes 'n oorsprong hê;

Ek kan nie lukraak wees nie;

Dis nie net my skuld nie;

Dit is 'n stadige eskalasie.

Ja, ek het foute gemaak;

Ja, dit was my keuse;

Ja, dit was vrye wil;

Maar waar lê die wortel van die probleem?

Is dit alles 'n eensydige storie?

Beoordeel 'n ander

Moet nooit iemand anders oordeel as jy nie die pad wat hulle geloop het kan hanteer nie.

Om beoordeel te word is 'n hartverskeurende werklikheid wat die meeste mense daagliks in die gesig staar. Ek word die meeste van my lewe deur mense beoordeel, dit het van kleins af begin.

Vir my het beoordeling en afknouery 'n uiters dun lyn wat hulle skei. Begin met 'n veroordelende gedagte dat 'n mens het, dan boelie, die aksie wat op die gedagte volg.

Toe ek op skool was, is ek daagliks geoordeel, meestal weens my voorkoms. Destyds was ek mollig, en my sosiale angs het my vreemd laat lyk, mense beoordeel en toe uiteindelik geboelie. Gedurende die vroeë volwassenheid is ek geoordeel omdat ek aan erge angs gely het, toe het ek alkohol, middels begin misbruik en amper twee pakkies sigarette per dag gerook.

Ek het tronk toe gegaan en selfmoord probeer pleeg (verskillende tydlyne) as gevolg van al die verskriklike keuses wat ek in my lewe gemaak het. Wat het gebeur? Ek is geoordeel en bespot.

Die vraag word nooit gevra, hoekom die persoon uitkom soos hy doen nie. Hoekom doen hulle wat hulle doen? Wat het hulle tot hierdie punt gelei? Nee, dit is baie makliker om iemand te oordeel en te boelie as om te verstaan hoekom hulle doen wat hulle doen.

Voordat jy 'n ander oordeel, sal ek aanbeveel om te probeer verstaan waar hulle vandaan kom, wat hulle verduur het om by daardie punt in die lewe te kom, en wat hulle met daardie oë gesien het. Sommige is sterker as ander, en sommige is nie so sterk nie.

Niks skep motivering vir iemand om deur 'n ander beoordeel te word nie.

Sommige mense kyk vandag na my met die letsels wat hulle sien. Hulle sien iemand wat alles in hierdie lewe verloor het. Niemand sal die tyd neem en vra, wat het gebeur nie? Nee, die eerste reaksie van die meeste mense is om te oordeel.
Hoekom dink jy is jy meer belowend? Het jy nie foute in die lewe gemaak nie? Was jou lewe so perfek dat jy kan sê dat jy geen foute in jou lewe gemaak het nie? Ek dink nie so nie. Ons maak almal foute, dit is in ons aard om foute te maak.

Weet jy wat is wonderlik daaraan om foute te maak? Ons leer by hulle en kry op die manier kennis en ervaring in die lewe wat niemand kan wegneem nie.

Niemand wil geoordeel word nie, niemand verdien om geoordeel te word of deur 'n ander geboelie te word nie, ek sal aanraai dat jy dit nie doen nie. Staan in 'n stampvol vertrek, en kyk rond na al die verskillende mense, elkeen met verskillende persoonlikhede, met hul eie foute, gespook deur ongesiene trauma.

Ons vereis nie dat iemand ons oordeel nie. Ek reken ons oordeel onsself meer as wat enigiemand anders kon.

Geestelike Gevangenis

Om 'n gevangene van 'n mens se verstand te wees, sal verskriklike gevolge vir 'n mens se fisiese self veroorsaak.

Moet nooit 'n gevangene in jou gedagtes word nie, dit is wanneer jy jouself sal verloor en stukkie vir stukkie uitmekaar val. Om die stukke daarna op te tel, is amper onmoontlik om te bereik.

Die realiteit is dat ons eers besef dat ons op die pad van vernietiging is wanneer dit te laat is en die skade aangerig is. Breek los van die demone wat in die diepste donkerste hoeke van jou gedagtes spook!

Meeste kere, gebeure in die verlede wat ons gesien het, ervarings wat ons gehad het, en die swaarkry wat ons in die gesig gestaar het, het die tralies geword wat ons in ons geestelike tronkselle hou.

Daar is tonne situasies in ons lewens wat veroorsaak dat ons gevangenes van ons verstand word.

- Kindertrauma
- Beledigende verhoudings
- Finansiële druk
- Emosionele trauma
- Natuurrampe
- Geestesversteurings

Daar was 'n tyd toe ek deur nagmerries geteister is, ek het selde geslaap. Drank- en dwelmmisbruik het my werklikheid geword, en alles het uitmekaar begin val. Bloot as gevolg van sommige gebeure in my lewe wat ek nie kon konfronteer nie.

Ek het 'n gevangene van my verstand geword. Beheer deur emosies wat ek nie kon tem nie.

Tydens my besoek aan verskeie psigiaters voordat ek selfmoord probeer het, het ek ontdek ek het PTSD (posttraumatiese stresversteuring). Betekenis; 'n versteuring wat gekenmerk word deur die versuim om te herstel nadat 'n skrikwekkende gebeurtenis of gebeurtenis ervaar of aanskou is. Die toestand kan maande of jare duur, met snellers wat herinneringe aan die trauma kan terugbring, gepaardgaande met intense emosionele en fisiese reaksies.

 PTSD as gevolg van mishandeling (reaksies)
- Sluit af in omgewings waar iemand skree
- Fisiese skudding gedurende die dag is normaal
- Jy skrik as iemand te vinnig beweeg
- Gestig deur geweld
- Bang om jouself te verbeter omdat jy bang is vir die oordeel van ander
- Om verskoning te vra vir alles
- Die aanskoue van 'n spesifieke item prikkel jou
- Jy wil sosiaal wees, maar tog is jy bang om naby enigiemand te kom

Met verloop van tyd verloor ons beheer wanneer ons toelaat dat ons vorige ervarings ons beheer. Soos om 'n draad uit 'n baadjie te trek, hoe langer jy dit sonder toesig laat, hoe meer sal die nate loskom totdat die jas onherstelbaar beskadig is.

Ons gedagtes is meer sensitief as wat jy dalk glo, ongekontroleerde emosies, en onopgeloste trauma kan 'n tronk word wat byna onmoontlik is om uit te breek as dit nie onderhou word nie. Maak vrede met die verlede. Omhels wat in jou lewe gebeur het, dra wat jy geleer het, en help ander om beheer oor hul gedagtes te kry.

Sodra ons oorkom wat ons opgesluit hou, word ons sterker as wat ons ooit kon dink. Sommige mense kies fisiese krag, ek sal enige dag geestelike krag bo fisiese krag aanvaar. Die pyn wat die verstand skep wanneer ons in die tronk is, is ondenkbaar.

Die ontsettende pyn om wakker te word uit 'n nagmerrie wat so aanskoulik was dat fisiese pyn van die nagmerrie jou wakker maak. Die fisiese liggaam ervaar fisies die letsels wat gelaat word van die skeurwonde in die drome, onverklaarde emosies kom op, kan nie gaan slaap nie, want jy is bang vir wat aan die ander kant wag, wat mense wegstoot.

Jy is immers te bang hulle kry 'n blik op wie jy werklik is en wat jou gedurig versteur. Verdoof die pyn met stowwe, maak die ervarings meer onheilspellend, tog doen ons dit omdat ons onsself oortuig dat dit help. Dit is hoekom ek sê ek verlang geestelike krag.

Maak vrede met die verlede voordat dit jou toekoms manipuleer. Ek het al hierdie leemtes in my herinneringe, oomblikke wat ek wil onthou, maar nie kan nie, en sommige oomblikke wat ek nie wil onthou nie, maar voortdurend rolspel in my gedagtes.

Ek sal graag sekere dele van my verlede wil onthou sodat ek dit kan hanteer, maar ongelukkig beheer hierdie leemtes van tyd tot tyd wat my gedagtes doen.

Iemand het eenkeer vir my gesê dat hulle hierdie boks in hul gedagtes het, in hierdie boks bewaar hulle al die dele wat hulle seermaak, die donkerste dele wat trauma kan skep. Die probleem met hierdie konsep is dat hierdie boks kan bars, vol word en uiteindelik ontplof, en wat dan? Wat gebeur met hierdie onopgeloste trauma wat al die jare in 'n boks gehou word?

Miskien is dit waar my herinneringe gegaan het wat ek probeer herroep. Ek is nie voorstander van hierdie idee nie, want hierdie traumatiese herinneringe kan eenvoudig terugkom en my reeds brose gemoed spook.

Daardie ongefilterde herinneringe en emosies kom neer soos 'n tsoenami, en verteer alles in sy pad. Ek dink nie iemand kan gereed wees vir so 'n onbeheerde gebeurtenis nie.

Elkeen het sy manier om trauma te hanteer. Ek het geleer emosionele trauma moet opgelos word voordat dit die tronk word wat ons ondergang in die afgrond veroorsaak.

Leef die lewe sonder spyt

Leef die lewe sonder spyt, weet dat die keuses wat jy gemaak het bygedra het tot jou boek van kennis.

Ek kan my nie indink dat daar iemand in hierdie wêreld is wat werklik kan verkondig, hulle het nog nooit 'n fout in die lewe gemaak nie. Sommige foute kan gering wees, sommige aansienlik, en sommige loop op die grens tussen lewe en dood.

Maak nie saak hoe groot die toesig is nie, ons maak dit almal. Ek is nie tevrede met meeste van my lewenskeuses nie, maar ek is nie spyt oor enige keuses nie, sonder daardie foute sou ek nie wees wie ek vandag is nie.

Wanneer ons onsedelike besluite neem, en die gevolge is nie in ons guns nie, moet dit nie gesien word as 'n berg wat voorlê nie maar eerder 'n hekkie in die pad en nog 'n toetrede tot ons boek van kennis. Elke fout of verkeerde besluit is 'n leerervaring en moet as sodanig gesien word.

Dink jy jy kon die kennis wat jy vandag het opgebou het as jy geen verkeerde besluite geneem het nie? Ek praat nie van akademiese kennis nie, Nee, ek praat van lewenskennis en lewenservarings. As gevolg van foute wat ons gemaak het, kan ons die volgende persoon adviseer oor probleme wat hulle mag ondervind.

Wanneer ons ouers of wie ook al ons grootgemaak het gesê het, moenie dit doen nie, want dit sal gebeur, hulle weet dit deur foute in die lewe te maak wat bygedra het tot hul boek van kennis. Hulle sou ons nie oor sekere aspekte kon adviseer as hulle nie die verkeerde besluite geneem het wat tot een of ander vorm van ongelukkige omstandighede lei nie.

Ek sal dit weer noem; lewenskennis is iets wat niemand van ons kan wegneem nie. Moenie spyt wees oor die stadiums in jou lewe waar jy teëspoed moes verduur as gevolg van besluite wat jy geneem het nie.

- Ek is nie gelukkig dat ek getrou het en nie lank daarna geskei het nie, maar ek is nie spyt oor die ervaring daarvan nie.

- Ek is nie gelukkig dat ek 'n alkohol- en dwelmmisbruikprobleem gedurende my lewe gehad het nie. Ek is nie spyt oor hierdie ervaring nie, want dit het bygedra tot my boek van kennis. Ek weet nou hoe om dit te hanteer en daarvan los te kom.

- My lewe was nie dieselfde sedert ek selfmoord probeer het nie. Ek moes verstrooide stukke, verspreide stukke van myself optel. Selfs met hierdie aaklige daad, koester ek spyt. Ek weet nou hoe dit voel om in die diepste donkerste dele van my gedagtes vasgevang te wees, en ek weet nou hoe om myself uit daardie put te kry.

Ons moet onsself vergewe vir die foute wat ons in die verlede gemaak het, en die slegte keuses. Ons moet daardie ervarings neem en dit by ons boeke van kennis voeg.

Deel dit met die wêreld.

Jy kan dalk net iemand se lewe red met jou kennis. In hul donkerste oomblikke is hulle dalk nie so sterk soos jy nie.

Emosioneel verplaas

Moet nooit emosioneel verplaas word as gevolg van 'n ander se emosionele skade nie.

Ons het almal een of ander vorm van emosionele trauma, omstandighede is nie van gevolg nie. Ons kan nie toelaat dat ander se skade ons oorskadu nie.

Nou, ek verklaar nie dat ons alle mense wegstoot nie, ek glo bloot dat sommige mense se emosionele skade ons reeds brose verstand besmet, wat ons negatief beïnvloed. Ons veg 'n daaglikse stryd van ons eie, ons kan niemand toelaat om 'n ruimte te skep waar ons ongeliefd, ondergewaardeer, gegroepeer of verplaas voel nie.

Ek was 'n paar jaar terug in 'n verhouding waar die persoon saam met wie ek was, my almal vir wie ek liefgehad het, laat wegstoot het. Hierdie persoon was so onseker dat as ek tyd saam met ander mense as hulle deurbring, hulle afgunstig sou wees en onnodige konflik sou skep.

'n Tyd het gekom toe ek niemand in my lewe behalwe hulle oor gehad het nie. Dit dui nie daarop dat hulle 'n slegte persoon is nie, dit toon bloot die emosionele skade wat mettertyd opgehoop is. Hulle het 'n negatiewe omgewing geskep waar hul onsekerhede my lewe beïnvloed het, in die proses, wat chaos by my reeds brose gemoed voeg.

Op die ou end moes ek besluit wat in die beste belang van my geestesgesondheid was.

Dit is wat ek impliseer wanneer ek verklaar dat ons almal emosionele trauma het, maar ons moet mekaar nie negatief beïnvloed nie. Ons moet toelaat dat ons sterk punte ons skade oorskadu, en saam met mense wees wat ons beter maak as wat ons was.

Om emosioneel beskadig te wees, veroorsaak nie dat ons skadelik is nie, dit is bloot die ongelukkige werklikheid wat ons mettertyd ophoop, as gevolg van ander wat ons raak.

As iemand nie Emosioneel gesond vir ons is nie, moet ons afstand hou, nie omdat ons dink ons, of hulle, is slegte mense nie, maar omdat ons 'n daaglikse oorlog in onsself veg en nie iemand nodig het om ons te oorskadu nie.

Jy moet onthou dat ons almal individue is, wat ek doen en sê kan in my oë korrek wees, maar in die oë van 'n ander kan dit verkeerd wees, dit is 'n kwessie van perspektief. Ons gaan deur verskillende omstandighede in die lewe, en ons opinies sal nooit dieselfde wees nie.

Ons moet eenvoudig besluit wat gesond is vir ons as individue.

Doelwitte

'n Doelwit gestel sal nooit te klein wees nie, elke klein doelwit wat bereik word, maak ruimte vir sukses oop.

Soos 'n nuwe jaar begin, kry ons almal die vraag, wat is ons nuwejaarsvoornemens? Die einde van Januarie kom en die meeste van ons misluk die doelwitte wat ons vir onsself gestel het. Hoekom? Want dit is te veel, te gou, te groot van 'n doelwit gestel met geen planne in plek nie.

Geen stappe om te volg nie, en oor die algemeen word daar nie genoeg tyd gegee vir prestasie nie, en dan bespeur ons dit as 'n mislukking, vergeet en gaan aan.

Daar is 'n spreekwoord, "Rome is nie in 'n dag gebou nie," wat impliseer dat jy nie kan verwag om jou doelwitte te bereik deur geweld te gebruik nie. 'n Doelwit word bereik deur een stap op 'n slag te beweeg. Beweeg teen jou eie pas.

As jy daaraan dink om alkohol te vermy, eerder as om net dadelik op te hou, is dit die beste om eers te verminder. In plaas daarvan om elke dag te drink, stel 'n doelwit om beperkte alkohol oor naweke te gebruik.

Wanneer jy 'n eenvoudige doelwit bereik, behoort die volgende doel makliker te wees om te bereik. Die hoofdoel is om op te hou met alkohol, nie waar nie? Maar om eenvoudig op te hou, is uiters moeilik.

Breek die hoofdoel in kleiner porsies op, van elke dag inneem tot slegs naweke, naweke tot af en toe geleenthede, en bereik dan die einddoel tot jou bevrediging. Om alkohol uit jou lewe uit te roei is ons uiteindelike doel hier.

Om 'n besigheid te begin, sal niemand eenvoudig begin bou en deure oopmaak met geen planne in plek nie. Die hoofdoel is om 'n suksesvolle besigheid te hê. Begin deur beplanning, finansiering, bemarking en werknemers in diens te neem, net 'n paar voorbeelde.

Die hoofdoel sal bereik word met tyd en geduld, beplanning en die hoofdoel opbreek in kleiner doelwitte wat makliker is om te bereik.

Soos jy kan sien, wanneer die doelwit gestel is, en daar is geen planne gestel of die hoofdoelwit opgebreek word nie, sal die doelwit beslis misluk.

Dit is makliker om op te gee wanneer ons voel dit is onmoontlik om te bereik. In werklikheid is dit nie onmoontlik nie dit is eenvoudig te veel te gou.

Verdoofde emosies

Wanneer die werklikheid inskop, hardloop ons almal na een of ander vorm van mishandeling wat emosies verdoof.

Dit blyk dat ons onsself meer dikwels misbruik as wat ons besef het in 'n poging om ons emosies te verdoof weens die moeilikhede wat die lewe veroorsaak.

Hieronder is 'n paar punte wat ek graag wil bespreek.

- Self skade
- Dwelmmisbruik
- Beledigende verhoudings
- Beledigende skuld
- Tegnologiese misbruik
- Vraatsug

Die verdrukkinge van die lewe raak elkeen van ons anders. Die lewe raak kwellend, ek glo ons kan almal hieroor saamstem.

As ek terugkyk op my lewe, is daar 'n paar verdoofde misbruikers na wie ek gestuur het wanneer die lewe rof geraak het. Elke stadium van my lewe het 'n ander storie, en elkeen van hierdie stories bevat een of meer maniere waarop ek myself misbruik het toe die lewe my onderkry het.

Miskien stem jy in sommige van hierdie gevalle met my saam, en as jy dit nie doen nie, kan jy van jou eie ervarings by die lys voeg. Die voorbeelde wat ek deel, kom meestal uit persoonlike ervarings in my lewe.

Self skade

Voorheen het ek selfbeskadiging bespreek, dit is een van die meer gereelde misbruike waarna ek my gewend het toe die werklikheid van die lewe ingeskop het.

Dit is hoekom ek weer hierdie onderwerp noem. Selfskade het later in my lewe gekom. Ek het nooit op 'n jonger ouderdom na selfbesering gewend nie, ek het op hoërskool probeer om selfbesering te doen, maar dit was net 'n poging.

Ek het 'n paar keer in my tienerjare geëksperimenteer, maar nooit soos ek later in my lewe gedoen het nie. Weereens, verskillende stadiums, verskillende misbruike. Fisiese pyn verdoof emosionele pyn. Selfbesering was my manier om stresvolle oomblikke in die lewe te hanteer.

Ek het iewers gelees dat selfskade nie beperk is tot fisiese skade nie. Selfskade sluit emosionele skade in, om jouself te oortuig dat jy nie goed genoeg is vir iets of iemand nie.

Dwelmmisbruik
Ek glo die meeste mense gebruik middels om weg te breek van die werklikheid. Ek het op 'n jong ouderdom met alkohol begin, waarna dit sigarette was.

Na 'n rukkie het ek aanstekergas en petrol as 'n middel begin gebruik, dit was hoofsaaklik in my tienerjare. Die druk van die lewe tref ons van jongs af, sommige gouer as ander.

Nadat ek skool gestaak het, het harder stowwe in my lewe begin trek omdat dit makliker verkrygbaar geword het. Die lewe raak meer onder druk soos ons begin werk en betrokke raak in verhoudings, en so word die stowwe ook harder.

My hoof dwelmmisbruik was nog altyd alkohol. Die probleem met dwelmmisbruik en om na hierdie vorm van misbruik te stuur vir troos is dat hoe meer ons gebruik, hoe meer neem dit ons lewens oor.

Stowwe verdoof die emosionele pyn tydelik en stel ons in staat om sekere oomblikke te vergeet wat ons graag wil vergeet. Sodra ons wakker word tot die besef dat ons die lewe weer in die oë moet kyk, merk ons dat die lewe erger is omdat ons realiteite verweef raak tussen die lewe en die volgende ekstase, sonder om meer te weet wat waar is.

Stowwe verwyder net die pyn vir 'n oomblik. Die werklikheid wag konsekwent vir ons aan die einde. Dwelmmisbruik word 'n lewe of dood situasie en dwing ons om tussen die twee te kies.

Beledigende verhoudings
Ek was al daar. Vas in 'n beledigende verhouding en weet nie hoe om los te kom nie. Ons dink dat as ons weggaan, hoe sal ons oorleef? Waarheen gaan ek gaan? Hierdie persoon was so goed vir my, hoe kan ek hulle verlaat?

Wanneer ons die persoon laat val, word die lewe werklik, en ons hardloop eenvoudig terug.

Dit is makliker om in iets te bly wat ons verstaan as om die onbekende in die oë te kyk. Om daardie verhouding te verlaat was een van die moeilikste besluite wat ek in my lewe moes neem. Ek neem aan dit is moeilik vir die meeste mense wat in 'n soortgelyke situasie vas is.

Toe ek weg is, het ek besef dat daar 'n massiewe wêreld wag wat wag dat ons moet wees wie ons bedoel was om te wees. Om oor te begin, die stukke op te tel, stukkie vir stukkie. Om stukke van ons op te tel wat verstrooi is.

Dit is my rede om te verklaar dat dit een van die moeilikste besluite is wat iemand kan neem.

Ons moet nooit terugkeer na iets wat ons misbruik nie, of dit nou geestelik of fisies is. Ons is bestem vir soveel meer op hierdie aarde as om deur 'n ander persoon misbruik te word. Dit vat 'n geweldig sterk persoon om te bly, maar dit vat 'n selfs sterker mens om weg te loop.

Jy is sterker as jou omstandighede.

Beledigende skuld

Om onsself deur skuld te misbruik, lyk dalk nie vir sommige so erg nie, maar in werklikheid is dit 'n groot probleem vir baie mense. Sommige mense stuur na inkopies wanneer die lewe moeilik raak, die lewe 'n bol gooi, dan weet hulle nie wat om te doen nie.

Hulle gaan inkopies doen om die emosie te verdoof. Die idee is dat nuwerwetse goed wat gekoop word plesier kan skep. Nuwe huis of nuwe klere om beter te lyk en te voel.

Kombuistoestelle help ons om goed te voel wanneer ons kook. Wat ook al gekoop word, die idee hieragter is dat die aankoop van die nuutste item sal help met emosionele spanning.

Die misbruik deel hiervan is dat ons skuld ophoop tot 'n punt waar ons uiteindelik oorverskuldig raak, ellendig raak omdat ons nie die skuld kan terugbetaal nie. Ons gaan weer inkopies doen want nou het ons nog 'n stresvolle situasie. Deur dit te doen, skep ons bloot 'n skuldiger situasie as voorheen. Om skuld te skep om ons emosies te verdoof is 'n hartseer werklikheid vir sommige mense.

Ek het 'n paar jaar gelede deur 'n soortgelyke situasie gegaan, en elke keer as ek terneergedruk het, het ek gaan inkopies doen. In vandag se lewe, met tegnologie wat dit is, hoef ons nie eens uit die huis te gaan nie. Ek het uit my foute geleer en besef vandag dat dit nie die trauma werd was wat ek moes verduur om terug te betaal nie. Die langtermyn pyn wat dit skep, is nie die moeite werd nie.

Tegnologiese misbruik

Die meeste mense het toegang tot tegnologie. Ek sou sê dat tegnologie vandag is waaroor die wêreld draai. Die meeste besighede kan nie funksioneer sonder die voordele van tegnologiese vooruitgang nie.

Oor die algemeen het tegnologie die lewenskwaliteit verbeter, maar vir sommige het dit 'n beledigende bron van troos geword tydens moeilike tye.

Wat gebeur as ons 'n moeilike dag by die werk gehad het en by die huis aankom? Ons stort onsself voor die TV en sê dat die skottelgoed of skoonmaak vir nog 'n dag kan wag, of wanneer ons 'n moeilike plek in die lewe gehad het, hardloop ons na sosiale media en spat ons emosies en lewens oral op die internet.

Wanneer die lewe moeilik raak, hoop ons dat wat ook al aan die ander kant van daardie toestel wag, daardie emosies sal verdoof.

Ek is byvoorbeeld lief vir skryf, maar wanneer ek ook al terneergedruk voel, skakel ek 'n fliek aan, bloot omdat ek glo dit sal my beter laat voel en my emosies verdoof. As ek klaar is met my programme, het die hele dag verbygegaan, en ek voel erger omdat ek myself haat omdat ek nie meer gedoen het nie.

Tegnologiese misbruik, soos die meeste maniere waarop ons onsself misbruik, brei bloot die emosies uit. Hierdie emosies wag op die ou end nog vir ons. Die emosies word nie behandel nie, dit word bloot saamgepers en uitgebrei.

Vraatsug
Vraatsug definieer; as oormatige eet en drink.

Gaan na beledigende eet om die emosies te verdoof wanneer die lewe moeilik raak.

Was daar, wanneer ons af en onder voel, ry ons na die plesiere van die lewe. Besoek die winkel en pak skyfies, sjokolade en koeldrank aan. Om alles klaar te maak, want dit laat ons beter voel.

Ek wed dat jy al meer as een keer daar was, soos die meeste van ons het. Of ons dit glo of nie, dit is 'n vorm van mishandeling, en ons is geneig om te veel te eet wanneer emosies vinnig loop, help ons om heel te voel, nie waar nie? Veral gemorskos.

Ons misbruik ons liggame wanneer ons in vraatsug verval, daarom het ek vraatsug by my lys gevoeg.

Aan die einde van die dag, maak nie saak wat ons redes is, of die vorm van mishandeling waarna ons stuur om die emosies te verdoof wanneer die lewe moeilik word nie, ons het almal 'n swakheid en sukkel met ons verborge traumas.

Ons kan bloot probeer om sterk te staan en ons daaglikse uitdagings met 'n oop gemoed die hoof te bied.

Poging om van die misbruikers te vermy wat ons glo die emosies verdoof.

Ons geloofstelsels

Ons geloofstelsel moet nie wees wat op ons afgedwing is nie, eerder as wat ons gelukkig maak.

Wanneer mense die woorde "geloofstelsel" hoor, spring hulle outomaties tot die gevolgtrekking dat die gesprek op godsdiens gebaseer is.

Definisie van geloofstelsel; 'n stel beginsels of beginsels wat saam die basis vorm van godsdiens, filosofie of morele kode.

Voorheen het ek geloofstelsels bespreek, ek het gepraat oor om ons man te staan vir dit waarin ons glo. In hierdie afdeling wil ek praat oor die geloofstelsel wat vir jou geluk en vreugde bring, nie wat op ons afgedwing is van kleins af nie, en wat die samelewing glo moet reg en verkeerd wees.

Ons is wie ons is en glo wat ons glo maak vir ons sin en maak ons gelukkig en gemaklik, ons moet nie omgee wat die samelewing van ons verwag om te glo nie.

Elkeen van ons is individueel en ons moet glo in wat vir ons sin maak.

Slegs in die dood

Eers in die dood besef ons wat lewe is.

Ná my voorval waarin ek op die drumpel van die dood gestap het, het ek meer verward as ooit wakker geword.

Niks wat ek voorheen in my lewe geglo en voor geveg het, het meer sin gemaak nie.

Toe ek in my slaapkamer gevind is ongeveer 10 uur nadat ek selfmoord probeer pleeg het, het my liggaam reeds in die stadiums van ontbinding gegaan, die liggaam verstyf, swel op en laat 'n aaklige blywende reuk agter wat in die klere bly, en urinale vloeistowwe word vrygestel. . Ek was klinies dood!

Voordat ek wakker geword het, het ek tonele gesien wat vergelyk kan word met 'n aaklige gruwelfliek. So, toe ek wakker word, het ek outomaties gedink dit moes 'n droom of hallusinasies gewees het van die medikasie wat ek oorgedos het. Daardie tonele was uiters aanskoulik, dit kon nie 'n droom gewees het nie.

Ek vergeet die meeste nagte drome, maar hierdie tonele spook elke nag in my nagmerries. Ek het 'n gedetailleerde verduideliking van hierdie ervaring in my voorheen gepubliseerde boek "The unexpected life" ingegaan. Jy kan hierdie publikasie lees vir meer besonderhede oor hierdie ervaring.

Toe ek uit die hospitaal ontslaan is, het ek probeer om die stukke wat in my lewe verloor is, op te tel. Ek het besef dat al die harde werk wat ek gedoen het om suksesvol te word en al die materiële besittings wat ek mettertyd opgehoop het, geen betekenis in my lewe gehad het nie.

Eers in die dood besef ons wat lewe is, hierdie woorde speel oor en oor in my gedagtes, verteer my gedagtes.

Ons leef daagliks, veg om te oorleef, bots vir sukses en fortuin. Hoekom? Wat ek aan die ander kant gesien het, het my gedwing om te besef dat dit nie die moeite werd is nie! Niks wat ons doen maak saak nie! Nie eers die klere wat ons dra nie, want hulle moes die klere van my lyf afsny, my gunsteling hemp moet ek byvoeg.

Nie een van my materiële besittings het saam met my gegaan nie. Waarin jy ook al glo, 'n hiernamaals of nie, die dinge waarvoor ons daagliks veg, sal nie met ons saamgaan wanneer ons van hierdie bestaan af weggaan nie.

Die lewe gaan oor die klein dingetjies wat ons gelukkig maak terwyl ons hier is, tyd saam met familie deurbring, buite gaan, die natuur geniet, nie ons tyd aan negatiwiteit gee nie, tyd aan onsself spandeer, en bowenal, onsself vind.

Ons is geneig om onsself iewers te verloor op die pad wat die lewe genoem word, ons vergeet wie ons is en wat ons gelukkig maak. Dit is een van die grootste foute wat ek in my lewe gemaak het, ek het myself verloor, en ek het vergeet wie ek was terwyl ek geveg het om te oorleef. Leef daagliks asof dit jou laaste is, want môre sal dalk nie gesien word nie.

Die bereidwilligheid om te verander

Die bereidwilligheid om te verander kan net van binne kom.

Verander? Hoekom sal ek wil verander? Ons is perfek, is ons nie?

Almal wens hulle kan iets in hul lewens verander, dalk iets wat hulle gedoen het, iets oor hulself, iets in die wêreld, of bloot hoe hulle die wêreld sien. Maak nie saak wat die rede is nie, ons het almal iets wat ons graag wil verander.

Daar is verskeie episodes in my verlede wat ek graag sou wou verander, maar ek kan nie. Die verlede kan nie verander word nie, maar ons toekoms kan ten goede verander word. Niemand kan enige omstandighede vir ons verander nie, net in onsself kan ons die krag vind om ten goede te verander.

- Wanneer ons uit 'n beledigende huishouding kom, is ons geneig om beledigende volwassenes te wees, hetsy fisies of emosioneel.

- Wanneer ons uit 'n alkoholiese huishouding kom, is ons geneig om as volwassenes met alkoholisme te sukkel.

- Wanneer ons uit emosioneel onstabiele huishoudings kom, is ons as volwassenes geneig om emosioneel onstabiel te wees.

Slegs vanuit onsself kan ons die krag vind om meer as ons verlede te wees, om te oorkom wat ons in ons lewens aanskou en ervaar het. Wat ook al trauma, slegte herinneringe, slegte keuses, geestelike stryd of woede ons binne-in verborge hou, ons kan die enigste wees wat onsself ten goede kan verander, vir 'n beter toekoms.

Hulp van familie en vriende help altyd met positiwiteit en krag, maar niemand kan ons ingesteldheid verander behalwe ons nie. Ek sukkel nog elke dag van my lewe, ek baklei met myself om die moed bymekaar te skraap om die wêreld in die gesig te staar, maar ek probeer elke dag om beter te wees as die vorige dag.

My familie het my massief gehelp gedurende my donkerste dae, maar hulle kon my nie geestelik help nie, net ek kon die trauma oorkom.

Moet nooit vergeet wie jy is nie en verander vir niemand behalwe jouself nie. As sommige eienskappe vir jou ongesond is, dan kan net jy daardie ongesonde eienskappe verander.

Net 'n voorbeeld, alkohol was een van my grootste ondergange in die lewe, ek het alles en almal verloor as gevolg van alkoholisme, almal om my het probeer om my te laat stop, my gewaarsku, maar ek het nie geluister nie, want ek het geglo alkohol het my gehelp om te vergeet.

Eers toe ek sien en besef wat alkohol aan my gedoen het, kon ek die krag in myself kry om op te hou. Net binne myself, maak nie saak wie probeer help het nie, net binne myself kon ek stop en rondkyk, sien wat ek geword het.

Dan en eers dan kon ek die krag kry om op te hou.

Oorlog

Oorlog, 'n tragedie wat 'n las word vir almal om te dra.

Ek sê nie hier dat oorlog verkeerd of reg is nie. Dit is net my persoonlike opinies oor die idee van oorlog.

Die mees algemene negatiewe impak van oorlog sluit in verlies aan menselewens, ekonomiese verliese as gevolg van die vernietiging van kapitaal sowel as ontwrigting in handel, menslike lyding, die verspreiding van siektes, verplasing van mense en vernietiging van die omgewing.

Ek is nie 'n politikus, 'n soldaat, of het enige invloed in oorlog nie. Ek is maar net 'n burger wat op die kantlyn staan en kyk hoe 'n land aan die brand gaan. Vir my is die hartseerste deel dat die mense wat die meeste in 'n oorlogsone ly, die mense op die grond is, die onskuldiges, die mense wat die daaglikse lewe probeer oorleef en 'n wêreld probeer oorleef wat reeds in chaos is.

Ons leef in 'n wêreld wat probeer om ons daagliks op ons knieë te bring, 'n wêreld wat ons sal skeur van die eerste kans wat dit kry. Hoekom kan ons nie net in vrede leef en die wêreld saam in die gesig staar nie? Ek glo dit is moontlik as ons net ons gierigheid en eiebelang op die kantlyn los en saamstaan.

'n Tragedie; Ek sê jou;
Onskuldige lewens gaan verlore as gevolg van 'n ander se hebsug.
Families vernietig;
Beskawings uitgeroei;
As gevolg van die hebsug van die mensdom.

Die liggaam

Die liggaam is slegs 'n houer vir wie ons werklik is.

Terwyl ons om ons kyk, die mense rondom ons opmerk, in die spieël na onsself kyk, is wat ons sien nie wie ons is nie. Sommige mense is skaam oor hul liggame, sommige haat hul liggame, en ander is te selfversekerd oor hul liggame.

Ongeag hoe ons van buite lyk, wie ons werklik is, is aan die binnekant. Jy is dalk die elegantste persoon aan die buitekant, maar as jy vrot en lelik van binne is, sal dit op jou fisiese self reflekteer.

Ek praat altyd daaroor om jou krag van binne te vind, en ek praat oor wie ons is, alles wat jy is kom van binne.

Ek glo ons innerlike self speel 'n massiewe rol in ons lewens, baie groter as wat die meeste sou omgee om te erken of te verstaan. Sommige noem dit die siel, sommige noem dit die gees, sommige noem dit ons bewuste, en sommige verwys na ons verstand as die innerlike wese.

Wat ons as individue of kulture ook al ons innerlike self wil noem, die feit bly staan dat wie ons nie uit ons fisiese vorm kom nie, eerder as wat in ons lê.

In baie godsdienste, filosofiese en mitologiese tradisies is die siel die onliggaamlike wese van 'n lewende wese. Siel of psige (antieke Grieks) "om asem te haal" behels die verstandelike vermoë van 'n lewende wese, "rede", eienskappe, gevoelens, bewussyn, kwaliteit, geheue, persepsie, denke, ENS.

Afhangende van die filosofiese sisteem, kan 'n siel óf sterflik óf onsterflik wees.

Griekse filosowe soos Sokrates, Plato en Aristoteles het verstaan dat die siel 'n logiese vermoë moet hê, waarvan die uitoefening die mees goddelike van menslike handelinge was. By sy verdedigingverhoor het Sokrates selfs sy leringe opgesom as niks anders as 'n vermaning van sy mede-Atheners om uit te blink in die verstandsake nie, aangesien alle liggaamlike goedere van sulke uitnemendheid afhanklik is.

In Judaïsme en sommige Christelike denominasies het slegs mense onsterflike siele (alhoewel onsterflikheid binne Judaïsme betwis word, en die konsep van onsterflikheid moontlik deur Plato beïnvloed is). Byvoorbeeld, die Katolieke teoloog Thomas Aquinas het "siel" aan alle organismes toegeskryf, maar het aangevoer dat slegs menslike siele onsterflik is.

Ander godsdienste (die mees noemenswaardige Hindoeïsme en Judaïsme) meen dat alle lewende dinge van die kleinste bakterieë tot die grootste soogdiere die siele self is en die fisiese voorstelling (die liggaam) in die wêreld het. Die werklike siel is die siel, terwyl die liggaam slegs 'n meganisme is om die karma van die lewe te ervaar.

Dus, as 'n mens 'n tier sien, dan is daar 'n selfbewussyn-identiteit wat daarin woon (die siel), en 'n fisiese verteenwoordiger (die hele liggaam van die tier, wat waarneembaar is) in die wêreld. Sommige leer dat selfs nie-biologiese entiteite (soos riviere en berge) siele het. Hierdie oortuiging word animisme genoem.

Respekteer die natuur

Respekteer die natuur soos die natuur verdien om gerespekteer te word, sodra die natuur verkrummel, verkrummel ons daarmee.

Ek het verskeie biografieë gesien van wat mense aan ons huis (aarde) doen. Elke keer as ek na hierdie tonele kyk, kom trane op van hartseer en die besef dat ons uiters wrede en selfgesentreerde wesens is.

- Maak lewe in oseane dood
- Boslewe doodmaak
- Gruwelike wanhantering van plaasdiere
- Vernietig woude wat suurstof verskaf
- Die weggooi van puin oral vir die natuur om te verteer

Die realiteit hiervan is baie meer skrikwekkend as jy, of ek sou kon dink. Daar is 'n balans vir alles in die natuur, en ons gooi die balans in chaos.

Ek het al male sonder tal gekyk waar mense ry en hul vullis by die karvensters uitgooi, land aan die brand steek omdat hulle kwaad is, in riviere stort, en ek het gekyk hoe netwater vir visse, wat die lewe van visse tot uitsterwing dryf.

Ons moet begin om die manier waarop ons na die aarde kyk te verander, en begin besef dat hierdie boeiende plek wat ons tuis noem, 'n vervaldatum het. Ons kan klein veranderinge in ons daaglikse lewe maak, in 'n poging om ons huis te help en te red om ons te verslind.

- Wanneer ons bestuur kan ons ons vullis in 'n klein sak hou totdat ons by ons bestemmings kom.

- Wanneer 'n leë blikkiekoshouer uitgegooi word, is dit die beste om daarop te trap of die opening te vergruis, want diere steek hul koppe deur om by die kos uit te kom, en hulle kan nie weer hul koppe verwyder nie.

- Moenie 'n boom onnodig afkap omdat dit jou irriteer of in jou pad is nie, werk om dit.

- Dit is nie nodig om jou tuin elke liewe dag nat te maak nie, spaar water want water het 'n beperking.

Ek impliseer nie dat ons moet ophou lewe nie, ek stel bloot 'n vraag wat sal gebeur as ons een oggend wakker word en nie kan asemhaal nie? Geen plantlewe wat meer groei nie? Geen water om te drink nie?

Die hartseer realiteit hiervan is dat dit 'n werklikheid is wat eendag waar gaan word. Die aarde kyk elke dag na ons, ek dink dit is net regverdig dat ons die guns teruggee en die natuur respekteer.

Of wag, totdat sy haar rug op ons draai en ons verteer sonder om twee keer daaroor te dink.

Tegnologiese kommunikasie

Tegnologiese kommunikasie vernietig sosiale kommunikasie.

Ek mis die dae toe ons as 'n gesin aan die etenstafel sou sit, die dae toe ons opgewonde was om iemand van 'n opwindende ontwikkeling te vertel, maar moes wag totdat ons hulle weer sien, en wag het die opgewondenheid meer tasbaar gemaak. As ons verlief was, het ons vir hulle 'n brief geskryf en ons parfuum op die letter gegooi.

Sondae buite gesit, waar het daardie dae heen gegaan dat ons met mekaar gepraat en begryp het wat gesprekke is.

Deesdae, as ons wil weet wat in iemand se lewe gebeur, gaan ons sosiale media binne, met een eenvoudige klik, sien ons hul hele lewe vertoon, vertoon as hierdie foutlose lewe vir almal om te aanskou, soos ons wil hê die wêreld moet ons sien , nie wie ons is nie, maar die manier waarop ons wil hê hulle moet ons sien.

Ons besoek mekaar selde, ons tel bloot 'n toestel op en kommunikeer, boodskappe, bel, video-oproepe. Die boodskappe op ons fone met mekaar is meer intiem as die werklike band wat ons van aangesig tot aangesig het. Niemand weet meer hoe om met mekaar te kommunikeer nie.

As ons bymekaar kom, is ons meer soos stilte tussen vreemdelinge. Wanneer ons wel met mekaar op ons toestelle kommunikeer, gesels ons asof ons mekaar al jare ken.

Sodra ons iemand ontmoet waarvan ons hou, vra ons hulle nie meer om op 'n date te gaan nie, ons vra hulle vir hul nommer of 'n sosiale etiket, om mekaar op sosiale media te leer ken.

Nou het ons 'n situasie waar twee mense alles weet wat oor mekaar moet weet, maar ons het geen idee van wie daardie persoon eintlik is nie.

Ons besluit dat ons saam intrek. 'n Paar maande later wanneer ons mekaar eintlik begin ken, besef ons dat dit nie is wat ons wou hê nie, of dit is nie die persoon wat ek gedink het hulle is nie. Die verhouding word net nog 'n statistiek op die mure van sosiale media.

Ons verstaan nie meer die betekenis van gesinstyd nie, elkeen op sy eie. Die meeste van hulle kyk TV, gebruik hul fone in die kombuis, of gebruik hul toestelle in die slaapkamer. Ons het vergeet wat om sosiaal te wees beteken, vergeet wat liefde is.

Ons het vergeet wat dit is om 'n gesprek met mekaar te voer, wat dit as 'n gesin oordra om op 'n Saterdag na die winkelsentrum te gaan. Ons is gevoelloos, verward en anti-sosiaal, en ons het vergeet wat menswees is.

Ek veronderstel dit is tyd dat ons weer begin lewe, saam met vriende en familie uitgaan. In plaas daarvan om hulle te boodskappe of te bel, gaan eerder na hulle toe en sien hulle. In plaas daarvan om televisie te kyk, leer eerder 'n nuwe stokperdjie.

In plaas daarvan om wegneemetes te bestel, kook eerder, of gaan saam met die gesin na 'n restaurant en sit. In plaas daarvan om die persoon van wie jy hou vir 'n nommer te vra, vra hulle eerder op 'n afspraak.

Tegnologie het die meeste van ons lewens ten goede verander, ek stem saam, maar ek glo in die sin van sosiaal wees, het tegnologie ons gedwing om terug te gaan en nie vorentoe nie.

Wiccan Rede - Drievoudige wet

BIDE THE WICCAN LAW YE MUST
IN PERFECT LOVE AND PERFECT TRUST
EIGHT WORDS THE WICCAN REDE FULFILL
AN, YE HARM NONE, DO WHAT YE WILL
WHAT YE SEND FORTH COMES BACK TO THEE
SO ANSWER MIND THE LAW OF THREE
FOLLOW THIS WITH MIND AND HEART
MERRY YE MEET, AND MERRY YE PART

Ek delf nie in enige godsdienstige besonderhede nie, maar ek is mal oor die drievoudige wet. Alle godsdienste het 'n tipe standaard waarvolgens hulle leef, een of ander vorm van karma as jy wil.

Die drievoudige wet impliseer basies dat watter energie jy ook al uitsit drie keer sal terugkeer. Dus, wat jy ook al aan ander doen, sal drie keer na jou terugkeer.

Agt woorde wat die Wiccan Rede vervul "An, ye harm none, do what ye will". Is wat dit sê, maak nie saak wat jy in hierdie lewe doen nie, maak seker dat jou optrede nie diegene rondom jou benadeel nie.

Ons stry gedurig om bo-aan die lewe te kom, probeer om beter te wees as die volgende, wat ons nie besef nie, is dat ons diegene rondom ons trap en vertrap.

Ons breek mense af, spot met die minderbevoorregtes. Met verloop van tyd begin gebeure in ons lewens sywaarts beweeg, ons begin verloor, en gebeure verloop nie soos in die verlede nie.

Ons vra die vraag, hoekom ek? Wat het ek gedoen om dit te verdien? Ek kan jou nou vertel dat die rede hoekom ek misluk het en op die drumpel van die dood beland het, deur my optrede was.

Ja, sommige mense het 'n paar van die basisse veroorsaak. Ek het alles verloor, maar uiteindelik, as ek terugkyk op my lewe en wat ek aan ander gedoen het, het ek geen twyfel in my gedagtes dat my vorige optrede die stortvloed veroorsaak het wat alles van my af.

Ons behoort op te hou om almal rondom ons te blameer vir ons mislukkings en na binne en na ons optrede begin kyk vir die oplossing en die uitkoms van ons toekoms.

Ons moet dit wat ons in die verlede gedoen het erken en onsself vergewe.

Gaan aan, probeer om 'n beter weergawe van onsself te wees.

Ons maak almal foute, dit is in ons menslike natuur, die verskil tussen 'n fout en 'n gewillige aksie is die bedoeling agter die aksie.

 'n idee

Alles in die lewe het met 'n idee begin.

Alle items wat ons daagliks gebruik, het begin met 'n idee wat iemand gehad het. Die gloeilamp, 'n kookpot, 'n glas waaruit ons drink, 'n tafel of die klere wat ons dra.

Maak nie saak hoe klein of groot die artikel is nie, dit het begin met 'n idee en word dan gevolg deur aksie om te skep, en die idee word werklikheid.

Almal van ons het idees van dinge wat ons wil doen of skep, planne wat daagliks in ons gedagtes dreun. Die probleem vir die meeste is nie die idee nie, maar die aksie wat moet volg nadat aan die idee gedink is.

Ek wou byvoorbeeld van kleins af begin skryf, maar ek het eers op 'n baie later tyd in my lewe begin skryf. Hoekom? Want ek kon nooit die moed bymekaarskraap om te begin nie.

Ek was bang vir wat die wêreld van my idees en gedagtes sou dink, om nie goed genoeg te wees nie, en wat mense van my sou dink. Al hierdie negatiewe gedagtes weerhou ons daarvan om die idee wat ons het tot die punt te kry om werklikheid te word.

Moet nooit bang wees om jou idees werklikheid te maak nie, en moet nooit bang wees om jou droom uit te leef nie, want die realiteit in die lewe is dat die lewe kort is. Korter as wat ons dalk dink, is dit in 'n oogwink verby.

Nou is ons tyd om te leef en te skep, om iets agter te laat vir die volgende generasie. Wie weet, miskien is jou idee net wat hierdie wêreld nodig het om beter te word as voorheen.

Miskien, net miskien, is jou idees waarvoor ons almal gewag het om as 'n spesie te ontwikkel.

Ons bestaan

Ons bestaan is maar 'n oogwink in tyd.

Oorweeg hierdie scenario, dink regtig daaroor. Die aarde wat ons tuis noem, is 4 543 miljard jaar oud, en mense, soos ons hulle vandag ken, is ongeveer 200 000 jaar op aarde.

'n Individuele mens leef na raming 80 jaar. As ons al hierdie inligting in ag neem, is ons as individue maar 'n oogwink in die tyd.

Ek het tot die gevolgtrekking gekom dat niemand, maak nie saak waar ons vandaan kom of wat ons doen nie, geen lewe is beter as die volgende nie. Vir die eenvoudige feit dat ons gebore word, en ons vergaan soos ons voorouers die afgelope 200 000 jaar gedoen het.

Al wat ons as individue kan doen, is om 'n lewe vol en gelukkig te lei, die mense rondom ons lief te hê, en poog om 'n verskil te maak in 'n gebroke wêreld, al is dit nie deur ons hande gebreek nie.

Leef elke dag asof dit ons laaste is, geniet elke maaltyd asof dit ons laaste is, en wees lief vir familie asof dit die laaste keer is wat ons hulle gesien het. Ek weet dit is 'n grimmige manier om na die lewe te kyk, maar neem dit van iemand wat die dood in sy oë gestaar het en geleef het om daarvan te vertel.

Die lewe is kort, en ons bestaan is maar 'n oogwink op die tydlyn waaroor die aarde draai. Los 'n voetspoor vir toekomstige geslagte, en wees 'n voorbeeld vir die wat kom.

Vind iets waaroor jy passievol is, en doen wat jou hoopvol maak in die lewe. Wat jy ook al vind wat jou gelukkig maak, omhels dit. As die wêreld 'n grimas maak oor jou passies omdat dit nie volgens sosiale standaarde is nie, wel, dan, laat hulle frons, want jy het ten minste iets gevind wat jou gelukkig en tevrede met jouself maak.

Die dag wat ons op ons sterfbed lê, moet ons in staat wees om terug te kyk op ons lewens en te sê "ons het gedoen waarvoor ons lief was, en dit het my 'n vol en passievolle lewe gegee."
Geen berou! Net die bevrediging in die wete dat ons geleef het.

Soos jy nou daar is, waar jy ook al is, kyk na jou lewe en vra, het jy 'n voetspoor gelaat vir toekomstige geslagte om te sien? Ek praat nie van materiaal wat behoort soos jou motor of huis wat jy besit nie. Daardie dinge kan binne 'n oomblik van jou weggeruk word, voordat jy eers 'n blik gevang het. Ek praat van kennis, niemand kan kennis van jou af ruk nie.

Dra die kennis wat jy mettertyd opgehoop het oor aan ander. Byvoorbeeld, wanneer jy 'n boek optel om te lees, is die boek wat jy lees geskryf deur iemand met die kennis wat hulle in die lewe opgehoop het.

Die fliek wat jy gekyk het, is deur iemand geskep. Daar is soveel voorbeelde daar buite. Wat ek probeer uitdruk, is dat die kennis om te skep nooit weggeneem kan word nie, voetspore vir toekomstige geslagte gelaat kan word, skeppings wat gesien sal word nadat die skepper oorgegaan het.

In ons kort bestaan moet ons iets skep om agter te laat, ons moet iets agterlaat sodat ons nie vergeet mag word soos sand wat in 'n storm waai nie, soos iets wat in die asblik gestort en vergeet word..

Die betekenis van die lewe

Wat is die sin van die lewe?
Die lewe het geen sin nie.
Net wat ons dit maak terwyl deel van die lewe is.

Ek het myself hierdie vraag oor en oor gedurende my lewe gevra, wat is die sin van die lewe? Ek het tot die gevolgtrekking gekom dat die lewe geen betekenis het nie, net wat ons daarvan maak terwyl dit deel van die lewe is.

Dit dui nie daarop dat ons nie die lewe kan geniet nie, dit dui nie daarop dat ons in die afgrond moet val en op onsself moet opgee nie, ek spreek uit dat die lewe is wat ons daarvan maak terwyl ons deel daarvan is. Ek het al baie keer voorheen gesê, ons moet doen waarvoor ons lief is, en waarna ons passies smag. Daar is geen handleiding vir die lewe, geen joernaal oor hoekom ons hier is nie.

Ek sukkel met verskeie geestesgesondheidskwessies, ek moet myself elke dag uit die bed dwing en die drang beveg om net hierdie plek te verlaat, die drang beveg om 'n bietjie dieper in die diepte van my vel te sny, die drang om op te gee beveg voor daagliks gaan slaap.

Ek staan elke dag op, tel my pen op en doen waarvoor ek lief is.

As jy 'n Eenhoring wil wees, dan is jy die helderste verdomde eenhoorn wat ooit bestaan het. Hoekom? Want dit is wat die lewe is. Die lewe is wat ons wil hê dit moet wees, wat ons daarvan maak terwyl ons deel daarvan is.

Die meeste mense jaag rykdom na, en glo dat dit die leemte binne sal vul. 'n Hartseer manier van kyk na die lewe, want sodra ons weg is, gaan niemand na ons graf behalwe ons nie.

As jy iets verbeeldingryk wil koop omdat jy dink materiële besittings gaan saam met jou, koop dan 'n uiters duur kis, dit sal ten minste met jou saamgaan wanneer jy die grond betree.

Ek het dit alles in die lewe gehad, en ek het niks in hierdie lewe gehad nie, ek het op gemaklike beddens geslaap, en ek het op die vloer geslaap. Ek het motors gehad om my te neem waarheen ek wou gaan, en ek moes in sekere stadiums van my lewe stap.

In al hierdie situasies kan ek eerlik sê dat die tye wat ek die gelukkigste was, was toe ek niks gehad het nie en ek gedoen het waarvoor ek lief is.

Daar is geen betekenis, geen reg of verkeerd, geen handleiding nie, so dit sluit alles af met doen wat ons iets laat voel. As jy misluk, staan op, borsel jou knieë af en probeer weer!

Geluk binne

Geen plek of persoon sal ons gelukkig maak as ons nie eers geluk in onsself vind nie.

Ek was oral in my land, maar ek vind geen plek om my tuiste te noem nie. Ek was in verskeie verhoudings, maar vind niemand om my eie te noem nie.

Ek het myself die vraag gevra hoekom dit is? Meerdere kere in my lewe.

Geen plek of persoon sal geluk skep as ons nie eers geluk in onsself vind nie. Ons kan met soveel mense wees as wat ons wil, verskillende seksualiteite en verskillende agtergronde, maar as ons nie gelukkig kan wees met onsself wanneer ons alleen in 'n kamer sit nie, dan sal ons nooit gelukkig of vervuld wees met iemand anders nie.

Ons kan in 'n herehuis of 'n kothuis woon, geen plek sal ons gemoedsrus gee as ons nie eers vrede in onsself vind nie. Vind jouself, vind wat jou gelukkig maak, vind wie jy is, en gaan dan uit en vind die res. Alles rondom jou sal in plek val as jy weet wie jy is en wat troos in jou skep.

Ons kan nie van iemand of iewers verwag om die gapings in ons te vul as ons die een is wat aanhou om daardie gapings te skep omdat ons nie weet wie ons is nie, as ons nie weet waar ons hoort nie, as ons nie weet nie. weet wat ons gelukkig maak.

Bly alleen vir 'n paar maande of selfs jare as jy moet, kyk wat gebeur, miskien vind jy jouself net langs die pad.

Konklusie

Ek hoop werklik dat my gedagtes en ervarings van die lewe en geestesgesondheid wat ek in hierdie boek met jou gedeel het, 'n soort positiwiteit in jou lewe gebring het.

Die lewensreis kan soms gejaagd wees en deur die meeste misverstaan word, maar die lewe kan regtig eenvoudig wees as ons dit net een dag op 'n slag sou neem en fokus op onsself en wat ons in die lewe tevrede maak.

Onthou dat ons nie ons demone alleen hoef te trotseer nie, ons het altyd iemand naby om mee te praat of om net in hulle teenwoordigheid te wees.

Selfs om daardie een persoon te hê om aan te hang in ons uur van nood, kan genoeg wees om kop bo water te hou.

My opvolgwerk sal Myne Erebus wees, dit is waar ek al die donkerte wat nou al jare lank in my gedagtes spook, sal uitbeeld. My donkerste gedagtes sal vertoon word vir almal om te sien.

Wees dus op die uitkyk vir my volgende publikasie en ek hoop dat jy my werk geniet.

*Ek is maar 'n gebroke siel wat sy gedagtes
met die wêreld deel.*

Oor die skrywer

Terwyl ek in 'n klein dorpie aan die rand van die grens van Suid-Afrika gewoon het, het ek my reis skriftelik begin ná 'n mislukte selfmoordpoging en aaklige geestesgesondheidskomplikasies wat my tot op die rand van waansin geruk het. Alhoewel my geestesgesondheidstabiliteit my daagliks spook, vind ek steeds 'n manier om daagliks uit die bed op te staan, 'n beproewing wat mettertyd net makliker sal word, maar nooit werklik verdwyn nie.

Ek was verteer deur die behoefte aan alkohol en middels, om my gesonde verstand te kalmeer van die ontevrede stemme wat ewig woedende oorlog in my gedagtes woed, het ek myself na die rand gesleep en alles in die proses verbeur. My gesonde verstand het 'n pad van verwoesting in sy nasleep gelaat, familie en vriende weggestoot, en alles verloor in die proses.

Toe ek in 'n hospitaal wakker word na 'n mislukte selfmoordpoging, het ek besef dat 'n drastiese transformasie in my lewe moes plaasvind, ek het van die grond af begin herbou. Om weer met familie te verbind, alkohol en stowwe uit my lewe uit te sluit, en geestelik te verbind met die natuur en wat ons omring..

Verdere leeswerk

e-boeke en sagteband beskikbaar vir aflaai op amazon.com.

Gepubliseerde boeke

The unexpected life

Myne Erebus

The Nefarious Malignant poet

Opkomende boeke

Raven nature (The series)